翻轉人生的關鍵時刻

讓平凡變不凡，
打造永生難忘的巔峰體驗

THE
POWER OF MOMENTS

Why Certain Experiences Have Extraordinary Impact

BY
CHIP HEATH、DAN HEATH

奇普·希思、丹·希思 著　王敏雯 譯

原書名：《關鍵時刻：創造人生1% 的完美瞬間，取代 99% 的平淡時刻》

獻給我們的女兒艾默里、奧布里和約瑟芬，
她們人生的關鍵時刻，也是我們的關鍵時刻。

contents

第一章——決定性的時刻

第二章——關鍵時刻的思維

Part 1

提升時刻

Part 2
洞察時刻

Part 3 榮耀時刻

Part 4 連結時刻

第一章

決定性的時刻

「高三生簽約日」的誕生

克里斯・巴比克（Chris Barbic）和唐諾・卡曼茲（Donald Kamentz）坐在休斯頓的某間小酒館裡放鬆，兩人這陣子為了創辦特許學校的事，每天要忙上十四個鐘頭。他們邊喝著啤酒，邊看ESPN的體育節目，合吃一塊加熱後的冷凍披薩，那是這間酒吧唯一提供的食物。在二〇〇〇年十月的那個晚上，他們尚未意識到，稍後一個靈光乍現的想法，將改變數千人。

當時ESPN正在播報「全國簽約日」（National Signing Day）的新聞，這是美國高中應屆畢業的足球運動員，可以藉由簽署具有約束力的「意向書」，選擇未來就讀大學的首日。這對大學美式足球迷來說，可是個大日子。

卡曼茲看著熱鬧歡騰的畫面，突然閃過一個念頭。「既然我們能用這種令人熱血沸騰的方式頌揚運動員，何不使用同樣的方式稱讚課業傑出的人呢？」當時他這樣想到。他們特許學校裡的學生，大多來自低收入的西班牙裔家庭，也同樣需要被鼓勵，更何況其中許多學生還是家中第一個拿到高中文憑的人。

巴比克創辦了這間學校，供這些弱勢學生就讀。他原本是當地一所小學的六年級教師，之後卻逐漸認清現實。「我看過太多學生懷抱對未來的夢想和學習的熱情，興致勃勃去讀本地的初中，但幾個月後，他們卻徹底失望了。」學生們回來找他，告訴他校園裡有幫派、毒品，還有人懷孕，這令他難以接受。他知道自己僅有兩條路可走：要麼辭職、逃避這一切，要不就是辦間學校，讓這些孩子能好好求學。因此，他在一九九八年成立了YES Prep學校，而唐諾・卡曼茲是他最早聘用的員工之一。

那晚，他們在酒吧裡觀看預告全國簽約日的新聞時，靈機一動地想到：如果我們創造自己的「簽約日」，讓學生宣布自己上哪一所大學，那會如何呢？這樣可以讓我們表彰所有即將畢業的學生。因為在YES Prep，畢業的前提是得成功申請上大學——即使有些人最後決定不繼續升學。

他們反覆推敲這個想法，越想越興奮，最後決定叫它做「高三生簽約日」（Senior

Signing Day），在那一天，畢業生會得到如同大學運動員般的待遇，備受矚目與讚揚。

半年後，二〇〇一年四月三十日，他們首度舉辦高三生簽約日。大概有四百五十人擠進學校旁的社區中心，包括十七名畢業生和其家人，還有YES Prep體系內六年級到高二（十一年級）的學生。

每位畢業生輪流上台，宣布自己將去哪裡讀大學。「我叫艾迪・查芭達，今年秋天要去范德堡大學！」接著他們拿出印有那所大學校徽的T恤或飾品。許多學生在活動前不會透露自己的決定，連對朋友也隻字不提，因此現場有股懸疑的氣氛。每當有人宣布完，會場就會響起一陣歡呼。

稍後，這群學生會坐在桌旁，在家人的陪伴下，簽下入學同意書，正式確定秋天即將入學。對巴比克而言，簽署的時刻格外令人激動：「那一刻讓人深刻體會到，全家人付出了多少，才讓孩子走到這一步。沒人能孤軍奮戰，大家都出了一份力。」活動近尾聲時，禮堂裡幾乎每個人都紅了眼眶。

自此，高三生簽約日成為YES Prep學校體系最重要的年度活動。對畢業生來說，這是一場慶典，是他們努力的成果。但對低年級學生而言卻有不同的意義。第三屆簽約日的規模更大，移師到德州休斯頓大學的禮堂舉行，那天觀眾席中有個名叫瑪拉・法耶的六年級生首次參加簽約日的盛會，就此留下深刻的印象。她當時想著：「我也可以做到。家裡沒人念過大學，但我想要站在台上。」

六年後，亦即二〇一〇年，畢業班的人數成長到一百二十六人，簽約日場面浩大到必須到可容納五千人的萊斯大學籃球場舉辦。那年有九成的畢業生是家中第一位上大學的人。時任美國教育部長阿恩・鄧肯（Arne Duncan）擔任活動的主講人，見到這一幕相當感動。他拋開原本準備好的講稿，即興發揮說道：「沒有任何一場籃球或足球賽，足以比擬這場活動的意義與重要性……謝謝大家，你們不僅啟發了自己的兄弟姊妹和在場的學弟妹，也激勵了全國民眾。」

那天，其中一名畢業生便是瑪拉・法耶。六年前，她曾幻想能站在台上，如今，夢想成真了。「大家午安，我叫瑪拉・法耶。」她說，臉上綻放燦爛的笑容。「今年秋天，我將就讀——康乃狄克學院！」這所學校是全美前五十名的頂尖文理學院之一。

全場歡聲雷動。

用「片刻思維」，創造永生難忘的體驗

人的一生都會擁有這種決定性的時刻，這些深具意義的經驗將不會被你遺忘。很多時候

它們看似偶然，例如：幸運地與此生摯愛邂逅、新老師發現學生未曾被察覺的天賦、突如其來的失去，讓你原本安穩的生活為之丕變，或是你突然有想要馬上辭職的衝動。這些令人難忘的時刻，看似是命運或運氣，或是由我們無法控制的更高力量介入。

但果真如此嗎？這些關鍵時刻只是碰巧發生在我們身上嗎？

看看高三生簽約日的活動就知道，這不是偶發性事件，而是巴比克和卡曼茲聯手為學生所打造意義非凡的時刻。當瑪拉・法耶和其他數百名YES Prep的畢業生走上舞台，猶如進入精心設計的關鍵時刻，雖說這是事先規劃，卻依舊極為特別與感人。

關鍵時刻形塑我們的人生，但我們無須被動等待它們發生，我們可以自己動手寫下歷史性的一刻。例如，若一位老師能設計出一堂多年後仍讓學生念念不忘的課，一位主管懂得將失敗轉化成讓員工成長的契機，抑或你能為子女打造永生難忘的回憶，豈不是很棒！

本書有兩大目標：首先，我們想確認關鍵時刻的共同特質，究竟是什麼原因，讓某段經驗變得令人難忘，又富有意義？我們的研究顯示，關鍵時刻是由一套共同的要素組成。

其次，我們想證明，你也可以運用這些要素創造決定性的一刻。為什麼你要這麼做呢？因為要讓生活更充實，或與他人建立更深的連結，抑或創造更多回憶，也可能是為了改善顧客、病患或員工的體驗。

人生是以無數的「片刻」為單位堆疊而成，而關鍵時刻則是你永生難忘的記憶。本書接下來會說明該如何創造更多這樣的時刻。

記憶只會收藏巔峰時刻

為什麼我們會只記得某些經驗，卻忘記了其他的時刻？以高三生簽約日的例子來說，答案很清楚：這是一場規模盛大、令人情緒激昂的慶典，當然要比一堂教分數乘法的課程更容易留下深刻的印象。但就其他生活經驗而言，不論是度假或工作計畫，為什麼我們只記得某些片段，就沒這麼容易釐清了。

針對令人費解的「記憶」謎題，心理學家已經找到一些出人意料的答案。

假設你帶家人去迪士尼樂園玩。在那段時間裡，我們每小時傳一則簡訊給你，請你用打分數的方式，評估當下那一個小時的體驗，一分是糟透了，十分是非常棒。我們可能共傳了六次給你，你的評估結果如下：

上午九點：把小孩像趕牛一樣統統趕出飯店房間，空氣中充滿著快樂的氛圍。評分：六分。

上午十點：全家一起搭「小小世界」的船，父母和子女都各自認為對方一定會覺得很好玩。評分：五分。

上午十一點：搭過雲霄飛車「太空山」後，覺得多巴胺急速上升，孩子們要求再搭一次。評分：十分。

中午：和孩子們享用園區昂貴的食物。要是小孩知道這是用打算供他們上大學的錢去買的，大概就不會這麼高興了。評分：七分。

下午一點：在佛羅里達州攝氏三十五度的高溫下，排隊等了四十五分鐘，還得想法子阻止兒子別再啃欄杆。評分：三分。

下午兩點：離開遊樂園的路上買了幾頂米老鼠耳朵的帽子，戴在小孩頭上好可愛喔。評分：八分。

只要將這些分數加以平均，就能大致總結這一天的好壞。六・五分，還不賴的一天！

現在，假設我們幾星期後再傳簡訊給你，請你給迪士尼的整體經驗打分數，合理的答案應該是六・五分，因為這個分數涵蓋了一整天的好壞起伏。但心理學家表示絕非如此。他們預測，當你回想去迪士尼的那一天，你的總分會是九分！

因為研究發現，我們在回想某次經驗時，會忽略大多數的細節，只專注幾個特別的時刻。具體來說，有兩個時刻會從記憶中浮現：搭乘太空山的雲霄飛車，以及買米老鼠帽。為何這兩個時間點比其他時刻更重要？首先，我們得探索心理學的基本原理。

有項實驗要求受試者進行三次痛苦的試驗。第一個試驗，他們的雙手得浸在盛滿攝氏十四度冷水的桶子內六十秒之久（別忘了，比起十四度的天氣，十四度的水溫在體感上會冷得多）。

第二個試驗也差不多，但這次得浸上九十秒，而非只有六十秒，且在最後三十秒鐘，水溫會些微調高一度，來到攝氏十五度。雖然最後的半分鐘依然不太舒服，但大多數的受試者卻都覺得改善不少（研究人員會嚴格監控時間，而受試者則不會被告知時間過了多久）。

至於第三次的痛苦實驗，則是讓受試者選擇要重複第一次或第二次試驗。

這是個簡單的問題：兩項試驗都有歷時六十秒的相同痛苦，而第二項試驗雖稍微減輕痛苦，卻增加了三十秒的試驗時間。所以這就好像在問：你寧願被掌摑六十秒或九十秒？

結果，百分之六十九的受試者選擇時間較長的試驗。

這委實令人難以理解，但心理學家已經找出原因。人們在評估一項經驗時，往往會忽略或忘記時間過了多久，這種現象叫做「過程時間忽視」（duration neglect）。人們是根據兩個主要時刻，來評估這次經驗：一、最好或最糟的時刻，稱之為「巔峰時刻」；二、結束的結尾時刻，這就是心理學家所說的「峰終定律」（peak-end rule）。

回到試驗，受試者的記憶忽略了六十秒和九十秒的差別，這便是過程時間忽視。他們印象最鮮明的是，與第一個六十秒試驗相比，九十秒試驗接近尾聲時，感覺明顯好受多了（順帶一提，兩次試驗的痛苦高峰時間差不多，都在接近六十秒的時候）。

這項研究也解釋了為何你在回顧迪士尼的體驗時，只會記得太空山（巔峰時刻）和米老鼠帽（結束時刻），而其他事件則大多被淡忘。所以，那趟旅行在你的記憶裡，會遠比每小時的體驗評分來得更愉快。

峰終定律適用於各式各樣的經驗，雖然相關研究大部分著重於可在實驗室裡進行的短期體驗設計，例如觀看短片、忍受惱人的聲音等。但在時間跨度更長的情況下，巔峰時刻仍然成立，唯獨「結束時刻」的影響力會稍微下降。

開頭之所以很重要的原因，在此舉個例子：若問畢業校友還記得大學時代的哪些事，有百分之四十的答案是關於開學時的九月！有時候，開始和結尾可能很難界定，譬如你為了新工作搬到另一個城市，這算結束還是開始？抑或兩者都是？這就是為什麼最好用「轉換」或「過渡」一詞（transition），因為它同時包含了開始與結束這兩者的性質。

由此可知，我們在評估某次經驗時，並非納入每一分鐘的感受後加以平均。更確切地說，我們是透過幾個較容易記住的重要時刻，像是巔峰、低谷，以及轉換的時刻當作參考。

❁ ❁ ❁

服務業的成敗取決於顧客體驗，因此這個道理對服務產業可謂至關緊要，不論是餐廳、醫療診所、客服中心或SPA水療館都一樣。

以洛杉磯的「魔法城堡飯店」為例，截至本書出版前，它在洛杉磯數百間飯店中名列前三名的好評，甚至超越比佛利山莊的四季酒店和麗思卡爾頓酒店等知名高檔品牌。魔法城堡飯店獲得的評論令人讚嘆：在全球最大的旅遊網站TripAdvisor的兩千九百多則評論中，超過百分之九十三的旅客給予「極佳」或「非常好」的評價。

然而，要是你上網瀏覽這家度假飯店的照片，一定不會認為這是洛杉磯數一數二的飯店。飯店的庭院裡有個泳池，其規模堪比奧運標準——如果奧運是在你家後院舉辦的話。此外，房間陳舊，家具陳設簡陋，牆面幾乎空空如也，就連稱它「飯店」都稍嫌牽強，其實，魔法城堡是從一九五〇年代的一棟兩層樓舊公寓大樓改建而成，再於外牆漆成鮮亮的黃色。

這地方不是不好，其實勉強也還算及格，它看起來就像是間還算體面又平價的汽車旅館。但它畢竟不是四季酒店，何況價格也沒特別便宜，跟希爾頓或萬豪差不多。那麼，它為何會成為洛杉磯最受好評的旅館之一呢？

先從泳池旁圍牆上那支櫻桃紅的電話說起吧。你拿起話筒，接聽的人會說：「你好，這裡是冰棒熱線！」你點了想要的東西，幾分鐘後，一個戴著白手套的員工就會端著銀製托盤，上面擺著櫻桃、柳橙或葡萄口味的冰棒，送至在泳池畔的你，而且完全免費。

這裡還有點心菜單，上面列了琳瑯滿目的糖果和餅乾，從奇巧巧克力、麥根沙士到起司玉米條，全都可以免費點選。還有桌遊選單和DVD選單，也都免費租借。一週有三次，早餐時間會請魔術師來表演。此外，你的髒衣服也可以無限次免費送洗，當晚衣服就會洗好，包裹在牛皮紙內，用細繩綁好，上面還插一小枝薰衣草，手法之講究，不亞於醫生將你剛出生的嬰兒抱到你手上。

旅客給魔法城堡飯店的評論都是讚不絕口。這讓魔法城堡搞懂了一件事：要想取悅顧客，你不需要面面俱到。顧客不會斤斤計較游泳池太小或房間布置乏善可陳，只要某些時刻充滿驚喜就好。大多數很棒的服務體驗其實轉頭即忘，但偶一為之的驚喜卻會令人難忘。

你可能會問，撥打「冰棒熱線」算關鍵時刻嗎？以整個人生來看，當然不是。（很難想像有人在臨終時會後悔地想：「要是當初選葡萄口味就好了……」）

但放在那段度假中呢？它當然就是關鍵時刻囉！度假回來的人和朋友聊起這趟南加州之旅時，會這麼說：「我們去迪士尼玩，看到了好萊塢的星光大道，住在一間叫『魔法城堡』的飯店，而且你一定不相信，泳池旁居然有隻電話……」冰棒熱線是這趟旅程最美妙的幾件事之一，並且是經過巧妙安排的時刻，其他旅館或飯店壓根兒都沒想到這種設計。（萬豪酒店的中庭也不錯，但你會對朋友不斷誇讚中庭有多棒嗎？）

結論很簡單：有些時刻就是比其他時候來得有意義。對觀光客來說，冰棒熱線是讓從兩週的假期中脫穎而出的十五分鐘；對YES Prep的學生而言，高三生簽約日是七年學習歷程中最重要的一個早晨。

我們很容易忽視這種事，也不太擅長營造這樣的時刻。譬如某位老師規劃一整個學期的歷史課程，但他花在每堂課的心力都差不多，並未試圖創造幾個「巔峰時刻」。或是，某位主管帶領公司快速成長，但這星期和下星期之間幾乎沒有任何區別。又或是，我們和孩子共度每一個週末，但這些時光在記憶中卻往往一片模糊，沒有特殊之處。

那麼，我們該如何打破平淡，創造真正有意義的重要時刻？

先從基本原則談起：何謂「關鍵時刻」？這個詞在日常使用中有不同的定義，有時是指在困境中人格接受考驗的重大時刻，像是士兵在戰場上展現勇氣。有時是泛指「精彩片刻」的總和。（例如在網路上搜尋該關鍵字，會出現像是「七〇年代電視的關鍵時刻」，這份清單想必非常短。）

在本書中，「關鍵時刻」是指短暫卻令人難忘又有意義的經驗。（在此，「短暫」是相對的，以一生的時間來看，一個月或許很短；如果是一通客服電話，一分鐘也可能算短。）在你的一生中，能用來定義重大關鍵時刻的次數可能有十幾次。但也有一些較小的經歷，像「冰棒熱線」，雖然只是人生中的微小瞬間，卻是某次度假、出國讀書，或產品開發週期的關鍵時刻。

這些時刻是由什麼組成，我們又該如何創造更多這樣的時刻？透過研究，我們發現關鍵時刻通常具備下列四個要素，但有時也僅需其中一項就能發生：

一、**提升**（Elevation）：

關鍵時刻之所以令人難忘，是因為它們跳脫了日常慣例，不只是短暫的快樂，比方聽到朋友說的笑話開懷暢笑，而且是難以忘懷的愉悅。（例如你拿起紅色話筒，聽見對方說：「冰棒熱線，我們馬上來。」）為了建立提升的時刻，我們必須強化感官享受，所以冰棒一定是要放在銀製托盤上送來，此外還可適時增添驚喜。

稍後我們將會解釋，為何驚喜有可能扭曲我們對時間的感知，以及為何人們最難忘的經驗多半集中在青少年和二十多歲這段時期。原因正是因為那段「提升時刻」會超脫事情正常發展的軌跡，說它是「非比尋常」也不為過。

二、洞察（Insight）：

關鍵時刻會重塑我們對自身或這個世界的理解。有時只要幾秒或幾分鐘，我們就會突然領悟到某件可能影響自己未來數十年的事情，好比「現在就是我該創業的時候」，或「這就是我要共度一生的人」。

心理學家羅伊・鮑邁斯特（Roy Baumeister）曾研究「不滿情緒的爆發點」所帶來的人生轉折，像是人們在突然認清現實的那一刻，例如邪教成員忽然看穿領袖的真面目。儘管大部分洞察的時機看似機緣巧合，但我們可以刻意打造這樣的時刻，或至少能先為其打下基礎。稍後會提到某個令人難忘、甚至有點噁心的故事，我們會看到一群公共衛生人員，如何讓一個社區的住民面對現實，無法再視而不見，進而推動社會改革。

三、榮耀（Pride）：

關鍵時刻也會展現出我們在贏得成就或展現勇氣所呈現的最佳狀態。為了創造這樣的時刻，我們必須了解榮耀的結構，據以規劃每一個里程碑，讓它們逐步累積，好通往更遠大的目標。

我們將探討「懶骨頭五公里慢跑計畫」（Couch to 5K program）為何如此成功，這遠比大聲疾呼叫人多跑步，更能激發動力。同時亦將學習到，有勇氣的行為會產生哪些意想不到的連鎖反應。

四、連結（Connection）：

關鍵時刻會在社交場合發生，舉凡婚禮、畢業典禮、受洗、度假、職場成就、猶太成年禮、演講、運動賽事等，這些時刻之所以強大，是因為我們願意與他人分享。

那麼，是什麼觸發了連結？我們將看到一項驚人的實驗，讓兩個互不相識的陌生人走進一個房間，在四十五分鐘後離開時，彼此已經結為好友。我們也會分析一個由社會學家提出強化人際關係的「整合理論」，它適用於夫妻、醫病、甚至是顧客和店家之間。

❁ ❁ ❁

關鍵時刻往往能激發正面情緒。在本書中，我們會交替使用「正面的關鍵時刻」和「巔峰時刻」這兩個詞。但我們也會提到一些負面的關鍵時刻，譬如因羞愧或怨恨而引發的「激怒時刻」，讓人在心中暗暗立誓：「我一定要證明給他們看！」

還有一類情緒也很常見，那是內心受傷，使我們悲痛難抑的時刻。稍後，會有幾篇人們面對心理創傷的故事，但我們不會深入探究這類情緒，因為本書的重點是創造更多正面時刻，沒有人會想要有太多失落的經歷。附錄也收錄了一些資訊，對於遭受過創傷的人或許會有幫助。

關鍵時刻不需要同時具備上述四種要素，但至少得有其中一種。比如說，洞察時刻是屬於私人的，不需要與外界產生連結；而有趣的時刻，像是打電話給冰棒熱線，則不太有洞察或榮耀的成分。

但某些強而有力的關鍵時刻則同時包含了上述四種要素。想想YES Prep學校的高三生簽約日：學生站在台上的一刻，是「提升」；某個六年級生想著我也可以，是「洞察」；被大學錄取，是「榮耀」；與觀眾席上幾千位支持者分享這一天，是「連結」。（參見第310頁的註釋2，有個記憶口訣可以幫助你更快記住這個關鍵時刻的架構。）

有時候，這些要素非常個人化，只有你自己才知道。你家裡也許有個藏寶盒，裡頭裝滿對其他人或許毫無價值，卻是你非常珍惜的事物。它也許是本剪貼簿、梳妝台某個抽屜裡的物品、擱在閣樓裡的某個箱子，或許你最愛的東西就貼在冰箱上，每天都可以看到。不論你的藏寶盒是什麼，又放在哪兒，這些物品很可能都包含了以上四種要素：

一、**提升**：情書、票根、陳舊的T恤，或者孩子亂畫一通卻讓你情不自禁微笑的卡片。

二、**洞察**：讓你感動的金句或文章、改變人生觀的書籍、記錄想法的日記。

三、**榮耀**：獎牌、成績單、感謝狀、證書、感謝函、獎章。（儘管沒什麼道理，但扔掉獎盃就是會感到難受。）

四、**連結**：婚禮或度假時拍的照片、全家福照、聖誕節時穿著醜斃了的毛衣拍下的相片……等一大堆照片，要是房子著火了，搞不好你最先搶救的就是它們。

這些你所珍藏的事物，其實正是你人生中「關鍵時刻」的證據。當你想起藏寶盒內的物品時，你有什麼感覺？假如你能將這份感動傳給子女、學生、同事或顧客，又將會如何？

每個關鍵時刻都彌足珍貴，若我們總是聽天由命，就會失去很多扭轉人生和改變命運的機會！老師可以啟發學生、照護者可以安慰人心、友善的服務能令顧客愉悅、從政者可以促進團結，而主管則能激勵下屬。只要我們願意多一點洞察力與事前規劃，就能辦到這一切。

本書就是要告訴你，如何掌握「關鍵時刻」的力量，以及打造這些時刻的智慧。

第二章
關鍵時刻的思維

從到職日開始，塑造員工的歸屬感

你還記得到目前（或最近）的公司上班的第一天，是什麼感覺嗎？那一天並不是什麼「關鍵時刻」吧？

我們聽過某些倍感失望的員工談起第一天上班的情形，大致上是這樣：你報到了，但櫃台接待人員以為你下週才開始上班，他倉促地領你去某個座位，辦公桌上只擺著電腦螢幕和網路線，但缺了電腦主機，喔！桌上還有一個長尾夾。椅墊上還留著前人坐過的凹痕，猶如人體工學形成的臀形化石。

你的上司還沒到，總機人員遞給你一份員工規範手冊，說道：「你先看看這個，幾小時後我再過來。」性騷擾防治的條例冗長而詳盡，鉅細靡遺的程度，讓你忍不住納悶同事們該不會有什麼問題吧。

這時，總算有個態度和善的同事走過來自我介紹，帶著你很快走過這層樓的辦公空間，一路上打擾了正在工作的十一個人，好把你介紹給他們。你擔心自己才剛到職一小時，便可能因此而惹惱了每一位同事。你很快就忘記每個人的名字，只記得那個叫做萊斯特的人，性騷擾防治政策或許正是為了他而制訂？

以上這樣的描述聽起來是不是很寫實？

新員工上班的第一天竟如此乏善可陳，真教人難以想像，這個原本該讓新成員感到被接納與重視的良機，就這樣白白浪費了。想像一下，如果用這種方式對待你首次約會的對象：「我等下還有好幾個會要開，你何不坐在副駕駛座上好好休息，幾小時後我就回來。」

我們必須了解何時是特殊的時刻，才能避免這種疏失發生。我們得學會「以片刻為單位」進行思考，才能覺察出哪些是值得你投注心力的場合。

這種「覺察關鍵時刻」的習慣，對我們來說有些陌生。畢竟在組織中，「目標」才是最重要的事，我們總是汲汲於達成目標，「時間」唯有在能夠釐清或衡量我們的目標時，它才是有意義的。

但對於個人來說，決定性的瞬間卻是再重要不過了。我們會記得某些時刻，也珍惜這些時光。當我們達到某項目標，不論是跑完一場馬拉松或搞定一位大客戶，都是值得好好慶祝一番的時機，這些吉光片羽的美好就存在於每個片刻。

每一種文化都有約定俗成的大日子。生日、婚禮、畢業典禮當然很重要，此外還有節慶、喪葬儀式和政治傳統，這些看似再自然不過的時刻，請注意，它們其實都是不知名的人刻意設計或發明出來的，只為了更突顯某段時光。所謂「瞬間思維」便是這個意思：在「人生」這篇散文中，加上必要的標點符號。

我們會探討三種值得加上標點符號的情況：轉變、里程碑和低谷。象徵轉變的場合往往是典型的「決定性時刻」。許多文化都有成年儀式，像是猶太人的十三歲成年禮、拉丁美洲國家女孩的十五歲生日派對。巴西的亞馬遜河流域有個薩得里瑪威（Satere-Mawe）部落，族裡的男孩滿十三歲時，得戴上手套，裡面爬滿了凶猛、會咬人的「子彈蟻」，男孩的雙手付出傷痕累累的代價，才算變成大人。會有這個儀式，顯然是有人問過：「要怎樣才能讓青春期更難熬？」

成年禮是劃定成長界限的分水嶺，試圖讓青少年邁向成年的模糊過程變得明確可辨：「在這之前，我是個小孩；從今天起，我就是個男人了。」（一個雙手腫脹不堪的男人）

轉變，一如里程碑或低谷，是不言而喻的關鍵時刻。以結婚為例，不論是否有公開的儀式，它都是人生中重要的轉折點，因為它象徵人生即將邁向下一個階段。若我們能意識到這些關鍵時刻有多重要，便可設計它們，好創造出更多難忘且充滿意義的時刻。

基於這個邏輯，就說明了為何第一天上班是值得投注心力的經驗。對新進人員而言，他們同時面臨三個面向的轉換：智識（新工作）、社交（新同事），以及環境（新地方）。頭一天上班不該只是跑一堆繁瑣的行政程序，而應當是值得被記住的巔峰時刻。

❁ ❁ ❁

拉妮・羅倫姿・弗萊（Lani Lorenz Fry）就懂得利用這個機會。她任職於強鹿公司（John Deere）的全球品牌策略與行銷部門。她從亞洲區的高層主管口中得知，當地的員工離職率偏高，也缺乏向心力。弗萊說：「強鹿公司在當地並非知名品牌，不像在美國中西部，很可能你爺爺就有一台強鹿生產的拖拉機。」因此，結論便是員工對這個品牌沒什麼感情。

但弗萊和品牌部門的同事發現了一個突破口，那就是：建立情感連結得從新人報到那一天開始。這個團隊和公司的顧客體驗顧問路易斯・卡邦（Lewis Carbone）商討後，設計出

「到職日體驗」。他們希望新員工報到的這一天是這樣展開的（你會發現跟前述的入職版本有幾處不同）：

當你收到強鹿公司的錄取通知，並且回覆有意願到職後，很快就會收到一封電子郵件，寄件人是「強鹿的朋友」，我們姑且叫她阿妮卡。她會先自我介紹，接著告訴你一些基本事項，例如可以在哪裡停車、服裝規定……等，她還說你第一天上班時，早上九點她會在大廳等你。

到職日當天，你在正確的地方停妥車子，往大廳走去，阿妮卡果真在那裡！因為你在電子郵件中看過她的照片，所以認得出來。她指著大廳裡的螢幕，上面寫了斗大的字：「歡迎你，亞瓊！」

阿妮卡帶著你到辦公座位，那裡掛了一面六呎高的歡迎布條，在辦公室的小隔間上方搖曳，提醒大家這裡有新人。一整天也都有人過來和你打招呼。

你安頓好以後，看見電腦螢幕的桌布背景，是一台強鹿的機具出現在夕陽映照的農場上，旁邊的文案寫著：「歡迎加入你此生最重要的工作！」

接著你收到了第一封電子郵件，寄件人是執行長山姆・艾倫（Sam Allen）。他在短片裡談了些許公司的使命：「為世上不斷增長的人口提供糧食、基礎建設和棲身之所。」信末還補充道：「祝你接下來的這一天都很愉快，希望你在成為強鹿團隊的一員後，能擁有長久、成功又充實的職涯。」

你還發現桌上有份禮物，是一個不銹鋼的迷你模型，那是強鹿於一八三七年首度生產具有拋光特性的犁頭，內附一張卡片，說明這台農具當年為何深受農夫喜愛。

中午時，阿妮卡帶你跟一群同事去外面吃午餐。大夥兒問你以前做過什麼？也跟你分享他們目前正在進行的計畫。稍晚，部門經理（你頂頭上司的主管）也特別過來，跟你敲定下星期共進午餐的日期。

那天你離開辦公室時想著：「我屬於這裡，這份工作很有意義，而我對他們來說也很重要。」

強鹿的品牌團隊擬定了這項到職日體驗計畫後，亞洲地區的幾間分公司便開始推動這個流程，在北京分部的辦公室更是大獲好評，早期入職的員工甚至開玩笑說：「我可以先離職然後再重新報到一次嗎？」在印度，這項計畫讓強鹿在競爭激烈的人才市場中顯得與眾不同。

所以，世上每一個組織是不是都該有屬於自己的到職日體驗呢？

強鹿公司的到職日體驗，就是一個人在人生轉變時期所創造出的巔峰時刻。若人生的轉折少了某個「時刻」來標示，有可能會變得模糊不清。我們常因此不曉得要怎麼做，或者為了該遵守什麼規定而感到焦慮。

擁有諮商心理師證照、擅長悲傷輔導的大師級人物肯尼斯・多卡（Kenneth Doka），在他所著的《繼續前行，悲傷就不會是盡頭》一書中說過一則故事，值得我們深思。

有位女士來找他諮商，說她的丈夫因肌萎縮側索硬化症（俗稱漸凍人症）而過世。在先生生前，兩人的婚姻很美滿，他是個好爸爸，也是好丈夫，但漸凍人症是一種非常痛苦的退化性疾病，當她丈夫病況惡化時，就需要更多照顧，兩人都備受煎熬。丈夫是一家小型建設公司的老闆，自尊心甚強，不太能接受生病的事實，因此夫妻開始頻起爭執。

但他們是天主教徒，對婚姻極為虔誠。她說，儘管每天都很難熬，但每晚他們都會在床上緊握彼此的雙手，碰觸著婚戒，為對方重唸一遍婚禮上的誓詞。

她來找多卡時，丈夫已經離世六年，她的心態也已經調適好準備跟其他人約會，但她說：「我無法戴著戒指去約會，但也無法說服自己把戒指摘下來。」她堅信婚姻是終身的承諾，也認為自己應該信守承諾。現在的她不知所措，進退維谷。

多卡長年研究「療癒儀式」對哀悼者的幫助。他建議她需要一個「轉換的儀式」，來幫助她摘下那枚婚戒，她也認同這個主意。在徵得她的同意後，她便和她的神父聯手打造一個小儀式。

儀式安排在某個星期天下午的彌撒後，地點就在她當初結婚的教堂。神父邀請了一群她的好友和家人，其中不少人當年也曾參加過她的婚禮。

神父讓他們站在聖壇前，然後開始問她。

「不論順境或逆境，妳都會忠於婚姻嗎？」

「是的。」她回答。

「無論生病或健康，也都一樣嗎？」

「是的。」

神父帶著她重新念當年的結婚誓詞，但用的時態是過去式。她在親友見證下，肯定了自己在這段婚姻中的忠誠，深愛並且尊敬丈夫。

然後神父說：「現在，容我取下妳的戒指好嗎？」她依言摘下婚戒遞給他。後來她對多卡說：「我居然就這樣摘掉了，簡直不可思議。」

神父接過戒指，他和多卡早已安排好，將她的婚戒跟丈夫的戒指交纏在一起，固定在婚紗照的相框上。

這場儀式不啻讓她得以對自己、也對她所愛的人，表明自己履行了神聖的誓言，還對在場的每一個人宣告她即將轉變身分，這一刻成為她重新開始的人生分界點。

這則「逆轉婚禮」故事背後隱藏著一個顯而易見的洞見。其實，這名遺孀去找多卡諮商時，已經打算再度約會了；即使她沒跟多卡會面，遲早還是會展開新戀情，也許是一個月後，或是一年，甚至五年。在這段猶豫期，她會焦慮地反覆質疑自己：「我準備好了嗎？我真的可以開始約會了嗎？」她需要的其實是個代表轉變的里程碑時刻，以標示她正在做出改變。在那個週日下午的儀式結束後，正象徵她對自己說：「我已經準備好了。」

我們天生就渴望這種具有指標性的時刻，譬如大家都喜歡新年新希望。任教於華頓商學院的學者凱瑟琳・米克曼（Katherine Milkman）表示：「每當新的一年開始，我們都覺得可以拋下過往，從頭來過，這就是『新起點效應』（fresh start effect）……過去犯的錯都是去年的事了，人們會覺得：『那些事情是過去的我做的，跟現在的我無關。全新的我不會再犯這些錯誤了。』」她覺得這種心態很驚人。

換句話說，新年新希望的重點不在於「希望」本身。畢竟，大多數每年的心願都差不多。到了十二月三十一日，大家都想要減重或存錢。新年伊始，我們所做的，更像是一種心理上的記帳技巧——過往的錯誤都被留在一個叫「舊我」的帳本上，而「新我」則從今天開始。所謂新年新希望，應該叫做「新年新赦免」才對。

米克曼領悟到，假如她的「新起點」理論正確，那麼從頭來過的日子，就不該只侷限於新年之際，任何具有里程碑意義的日子都該一體適用，像是每個月，甚至每個星期的第一天，都給了我們一個藉口讓紀錄歸零。

米克曼和她的同事戴衡辰，追蹤某間大學附設健身中心的出勤紀錄，發現了支持「新起點」假說的有力證據。學生上健身房的機率在每週一上升了百分之三十三，每個月的前幾日上升百分之十四，新學期剛開始時更高達百分之四十七。

所以，「新起點」不僅出現於新年元旦，也會在任何具有象徵意義的重大日子裡出現。如果你亟欲做出轉變，卻老是失敗，不妨創造一個關鍵時刻，劃出一道界線，讓舊的你停在從前那邊，全新的你就從這一端開始。

為什麼某些年齡的生日特別重要？

某些重要的日子幾乎具有普遍性。學者亞當・奧特（Adam Alter）與赫爾・賀思菲德（Hal Hershfield）曾進行一項調查，要受訪者回答一生中最重要的生日。依投票數多寡，他們最難忘的年紀依序是：十八、二十一、三十、四十、五十、六十和一百歲。

這些生日具有里程碑的意義，全都值得慶祝。以一百歲壽誕來說，即使再怎麼不情願也得心存感激，畢竟這代表你的人生里程表還在轉動中。十八和二十一歲代表法律權力的擴張，前者擁有公民權，後者享有飲酒權。除此之外，其他的年紀似乎就沒什麼特別的意義。五十歲就像某種門檻？其實也不盡然。你的生命，每過一天就老一天，沒有哪一天會老得更快（除非日光節約時間真的具有黑魔法的威力），老化是細微而循序漸進的過程。不過為了讓生活更有意義，我們創造出三十、四十、五十歲的門檻，然後讓自己在接近這些歲數時大驚小怪。

但每個年紀都具有其意義。里程碑就是里程碑，就像畢業典禮這類常見的決定性時刻代表著轉折，其他的事物亦可被視為值得慶祝的里程碑，像是四十歲生日宴會、二十五週年紀念旅行、任職滿三十年的紀念獎牌或金錶。

人們天生就會注意到里程碑這些時刻，我們就不再贅述。但就像某些應該被注意的轉折點，有些里程碑也被忽略了，例如：學生為何沒獲得更多認可？的確，他們「升上」更高的年級，但上學滿一千天、或讀完第五十本書，不也是同樣值得慶祝嗎？此外，又為何不慶祝老師教過的第一千名學生？

在現今APP和個人追蹤定位裝置盛行的時代，有許多方式能找出過往未曾留意到的里程碑。譬如Pocket這款手機軟體可將網路文章存入手機，方便日後閱讀，還會在使用者已經讀完一百萬字時發出通知；可追蹤個人健身紀錄的Fitbit手環，則會頒獎給爬了四千階樓梯的人「七四七獎章」，象徵使用者爬了相當於七四七客機的飛行高度，而另一款「帝王蝶遷徙徽章」的頒發資格如下：「帝王斑蝶每年會遷徙兩千五百英里，飛到較溫暖的地區。你累積的里程數，已經足以跟這群蝴蝶一較高下！」

這些公司僅以一封電子郵件的細微成本，就巧妙地締造出令用戶自豪的關鍵時刻，他們所做的，只是注意到了那些值得紀念的里程碑。

低谷也可以轉化為高峰

以片刻的角度去思考，就能敏銳地察覺到「轉變」、「里程碑」，以及第三種經驗——「低谷」。低谷恰與巔峰相反，是負面的關鍵時刻，充滿了艱辛、痛苦或焦慮。

低谷猶如坑洞，需要填平。大部分時候，大家都明白這個道理。迪士尼樂園便深諳遊客討厭排隊太久，所以，他們想方設法填補這個低谷：他們在排隊區藉由有趣的布置來轉移人們的注意力，也安排表演者和遊客互動，營造讓人期待排隊等候的氛圍。而在我們的生活中，這種情況也是顯而易見。你不需要讀一本討論「關鍵時刻」的書，也明白要是伴侶正在受苦，你應該去陪伴對方。

但常理難免也有例外。畢業典禮是常理，但第一天上班的體驗卻不是；四十歲辦生日派對是常理，但上學滿一千日辦派對就不是。就低谷來說，也是如此。

舉個小例子，有人租了一輛車，但在租賃期間不幸過世。按理說，死者的家屬只要歸還汽車，終止租約就好。錯！大部分的租車公司在人們遇到困難時，並不會施以援手，反而會要求家屬付清租金。而賓士汽車金融服務公司是少數的例外，他們會寄弔唁信給承租人的家屬，還主動提出免繳剩餘的租金。

再試想一下，面對一位剛得知自己罹癌的病人。醫護人員都深知此刻需要展現同理心和支持，但光靠安慰的效果是不夠的，快速採取行動也很重要。一般罹癌患者往往得等上好幾個星期，甚至更久，才能開始陸續跟負責治療的各科醫師會面。但在美國的山間醫療保健公司則不是如此。根據美國行銷學教授李納・貝瑞（Leonard Berry）和他兩名同事的報告指出，病患和家屬在癌症診斷後的一週內，就會被通知來跟醫師面談。他們待在房間裡，照護團隊的成員輪番進入，有外科醫師、腫瘤科醫師、營養師、社工和護理師等。當天病人就能帶著完整的醫療計畫與排定好約診的時間表離開。這並不表示安慰病人這件事沒那麼重要，它當然重要。只不過，給予安慰是一般醫院都知道的「常理」，但迅速召集全體專業人員，研擬作戰計畫，則非單憑常識就能做到，而是「有意識地填補低谷」的行動。

最讓人跌破眼鏡的，是低谷有時其實可以翻轉成高峰。有一項針對服務經驗的研究，請顧客回想最近和航空公司、飯店或餐廳員工的互動經驗，有無令人滿意或不滿之處。結果顯示，有百分之二十五的正面經驗，都來自員工對於「服務失誤」處理得宜，像是動作太慢、送錯餐點、未保留訂位、班機延誤……等。換句話說，要是員工能妥善處理這些客訴，便能把負面時刻轉變成正面時刻。就服務產業而言，厲害的公司都精通服務補救之道。

有位任職於客製化住宅公司的高階主管，根據顧客滿意度的資料，跟我們分享一個獨到的觀點。他說，如果要讓顧客感到非常滿意，你絕不能太完美。你得要出一、兩個錯，讓顧客有機會能提醒你這些錯誤，然後再努力解決。他並沒有要團隊故意犯錯，但我們感覺得出，其實他還滿想試試的……

企業領袖若能察覺顧客內心的不滿或不快，迅速採取行動，表達對顧客的支持，就能輕易從這一行脫穎而出。在他人有困難時提供幫助，這件事既是目標，也會成為回報，而它的附加效果，就是有助於拓展業務。

❁
❁
❁

來說說道格・迪思（Doug Dietz）的故事。他是美國奇異公司的工業設計師，曾花了兩年時間設計一款核磁共振儀器。在二〇〇七年秋天，他終於有機會在醫院看這台機器如何裝設。他說當時就像是自豪的爸爸，來探望自己的寶寶。

他走進核磁共振造影室，看到那台新的造影機器時，高興到「手舞足蹈」，他在二〇一二年的TED演講中這麼描述道。迪思退到外面的走廊，等候第一位病人出現。沒多久，他看到一對夫婦帶著年紀很小的女兒，從走廊另一端走過來。女孩在哭。就在他們即將走到核磁共振室時，父親彎下腰對女兒說：「我們說好囉，妳一定會勇敢的！」

小女孩一走進那間小房間，就嚇得動彈不得。在那一刻，迪思彷彿能透過她的雙眼，看見核磁共振室的樣子。

牆上掛有一個巨大的警告牌，上頭印有磁鐵與驚嘆號圖案。地上貼著像是犯罪現場才會有的黃黑色膠帶。房間內異常昏暗，日光燈不斷閃爍，房間的色調只有或深或淺的米色，了無生氣得令人害怕。

「那台我設計的儀器，看起來就像是中間有洞的磚塊。」迪思說。

他也知道，小女孩接下來的經歷只會更糟。她會被推進核磁共振儀的狹窄圓筒內，忍受幽閉的恐懼，強迫自己躺在那兒半個小時不能動，同時忍受機器傳出的奇怪轟鳴聲，以及鏗鏘作響的金屬噪音。

迪思看見這對父母互換了痛苦的眼神，他們不知道該怎麼陪女兒度過接下來的一小時。他非常震驚。在那一剎那，他從滿心驕傲轉為驚懼。「這一幕讓人心碎。」迪思說。他意識到，設計師團隊只專注在機器本身，總想著如何才能讓它更快速、效能更好。但病人關注的是使用的體驗，一旦他們害怕核磁共振儀器，身體便會開始反映出不適的感覺，百分之八十的兒童必須服用鎮靜劑才能做完檢查，而所有鎮靜劑都潛藏著風險。迪思在當時體悟到這一點，便決定修正他身為設計師的使命。他想，要是我們能設計出兼具有趣體驗的儀器，會怎麼樣呢？

他邀集許多人和他一起思考，如何讓這項體驗變得愉快。這支團隊包括任職於兒童博物館的主管、史丹佛大學教導「設計思維」(Design Thinking)課程的專家、幼兒園教師和兒童醫護人員等。迪思和他們深談之後，領悟到孩童強大的想像力也許能派上用場。

「三把餐椅和一張毛毯，可以變成什麼？」他問道。在孩子眼中，它們可能是城堡、太空船，或卡車。

假如核磁共振儀不是機器，而是一艘太空船或潛水艇呢？迪思的團隊想法子把掃瞄器變成冒險故事的一部分。匹茲堡大學醫學中心的核磁共振室被命名為「叢林探險」，這裡也是團隊早期的設計成果。他們在通往核磁共振造影室的走廊地板上，貼滿岩石圖案的貼紙，孩童會直覺地想從這塊石頭跳到下一塊石頭上，石頭通道會導引孩子走到造影室的一台機器旁。室內的牆面漆著色彩鮮豔的叢林景觀，機器被錦鯉池塘圖畫所環繞，水池內還有栩栩如生的魚群。

核磁共振儀的平台高度經過改造後降低，好讓小孩能輕易爬上去，同時設計成猶如中空的獨木舟，他們會鼓勵孩子要抓牢，才不會在叢林河流中翻覆。孩子們很快就愛上這項挑戰，努力不讓獨木舟搖晃。迪思在ＴＥＤ演說中，模仿小孩伸直雙臂緊貼住身體，只有眼珠骨碌碌地轉。他說：「他們就像雕像，一動也不動。」

另一個主題是「海盜島」，孩子得沿著木棧道走向儀器，機器的外觀被彩繪成海盜船。牆上有隻綁著海盜頭巾的猴子，正把鞦韆盪得老高，而醫藥櫃則偽裝成一棟茅草屋。

迪思和同事們致力於解決孩子的「焦慮觸發點」，像是機器運作時的巨大噪音。他們為舊金山某間醫院，設計了以「纜車冒險」為主題的核磁造共振影室，每位前來檢查的小孩會拿到一張車票。有天，迪思見到醫院員工對一個小男生說：「巴比，你坐過市區的纜車嗎？

你還記得有點吵，對不對？我們醫院的這台也一樣喔！」

某天在海盜島主題的造影室，迪思跟一名女兒剛做完檢查的母親聊天。兩人說話時，小女孩不停拉著媽媽的裙子，媽媽問她：「親愛的，怎麼啦？」

小女孩問：「我們明天可以再來嗎？」

迪思忍不住哭了。他做到了，他成功地將恐懼的經歷脫胎換骨變成快樂的體驗。

從那時起，迪思主導奇異公司的「冒險系列」核磁共振儀器，陸續在數十家兒童醫院安裝，且成效顯著。最早採用該設計的匹茲堡兒童醫院發現，需要鎮靜劑的兒童比例從百分之八十降至百分之二十七。電腦斷層掃瞄則因時間較短，只有百分之三的兒童需要施打或服用鎮靜劑。讓孩子最害怕不安的，莫過於躺在無菌的平台上，被送進看起來挺恐怖的機器裡，但現在那個關鍵時刻消失了。迪思說，如今這些小孩會「很高興要去冒險，不會再緊緊抱住媽媽的大腿……以前，把他們哄到平台上要花十分鐘，而掃瞄只需四分鐘。現在，只要一分鐘就能讓小孩乖乖躺上平台，掃瞄一樣仍是四分鐘完成。」

與改善孩童的使用經驗相比，打造友善設計的花費顯得微不足道，因為檢查速度變快了，醫院每天可以幫更多人進行掃瞄。

迪思的成功，是因為他做出了深具同理心的聰明設計，但這則故事的另一個重點是：以片刻為單位進行思考。他了解到，需要投注更多心力在改善病患的看診經驗，而非僅專注於檢查儀器。對病患來說，痛楚的時間轉化為提升的體驗；迪思則是把低谷翻轉成巔峰。

轉變、里程碑、低谷，都是人生的轉捩點

轉變值得標注，里程碑需要慶祝，而低谷則應該被填補，這就是「以片刻為出發點去思考」的本質。不過確切地說，並非所有關鍵時刻皆能歸入這三種類型，而是隨時隨地都能發生。舉例來說，冰棒熱線就是唾手可得的小確幸。同樣地，任何一個星期六，你都可以臨時起意帶小孩來一趟驚喜的動物園之旅，孩子們大概都不會抱怨。

本書中提及的大部分時刻，無論是否與提升、連結或榮耀有關，幾乎任何時間都是好時機。當然，若你能夠同時結合好幾種，就更完美了。此處我們要強調的是在組織中，明明特別需要付出關注，卻往往被忽略的那些關鍵時刻，一如前面提及的「到職日體驗」。

那麼，組織裡還有哪些需要刻意設計的關鍵時刻呢？試舉數例：

一、轉變時刻

•升職：

升遷是令人開心的事，是人生中值得自豪的光榮時刻。不過也有少數特例，像有些主管反而會視那段時間是艱難的過渡期。他們從未受過訓練，不知道該如何激勵團隊或給予下屬意見回饋，就倉促上任。

因此，真正需要的是一種晉升儀式——在慶賀升職之餘，也應該由資深主管帶領著新主管一星期，以適時提出建議。

•開學日：

麥可・J・雷默（Michael J. Reimer）是舊金山羅斯福中學的校長，為了幫助六年級生順利從小學邁向國中生活，他設計為期兩日的新生訓練課程，除了複習重要的數理概念外，更重要的是讓學生熟悉校舍環境和更複雜的課表。

考量到大多數學生不太會使用先進的密碼鎖，他甚至還舉行「置物櫃比賽」，幫助學生練習如何更快打開有密碼鎖的置物櫃。他說，當七、八年級生兩天後返回學校上課時，這群六年級生已經覺得自己是學校的一份子了。

- **計畫收尾：**

在大部分組織裡，當某項計畫快要結束時，通常就會緊接著啟動另一項新計畫。然而，儀式感是很重要的，這時可以舉行一個收尾儀式。

這裡有個滿有啟發性的例子：史帝夫・賈伯斯曾經公開為第九代麥金塔作業系統（Mac OS 9）舉辦模擬葬禮，還說：「Mac OS 9是我們的好朋友，替大家不眠不休地工作，認真執行我們的應用程式，從不抗命，隨時聽候差遣。除了偶爾失憶，就需要重新啟動的時候。」這場葬禮看似滑稽，卻是一場意義深遠的告別。

二、里程碑

- **退休：**

一個人結束漫長的職涯，面臨退休，那一刻同時具有轉變與里程碑的意義，對某些人來說甚至是低谷——因為他失去了目標或成就感。

然而，退休歡送會往往流於形式，無非是在會議室裡擺上蛋糕，匆忙叫來一群同事湊熱鬧，但這樣的時刻理應更加慎重才是。勤業眾信會計事務所有項常規，他們會在年度大會上向即將退休的合夥人致敬，由一名同事上台講述這位退休者的生平和職涯軼事，最後，所有合夥人都會舉杯恭喜就要榮退的同事，此時他有機會對大家說幾句像是結合了婚禮賀詞和追思致詞的話。（當然我們也知道有些內向的人寧可偷溜進清潔工的儲藏室，也不願忍受這種場面。其實也有其他比較低調的方式能表達心意，例如送一本由同事們親筆留言的紀念冊。）

- **被忽略的成就：**

我們常慶賀資深員工的工作資歷，但員工在任職期間的成就是否也該慶祝呢？例如，當業務員為公司賺進了一千萬元時，難道不值得慶祝嗎？或者，優秀的經理栽培了十名晉升為管理階層的下屬，也不該忽視他的領導能力吧？

三、低谷

- **面對負面的意見回饋：**

你的組織可能會提供「三百六十度評量」報告給主管。（這是一種衡量能力的制度，方法是搜集某位主管底下的員工、同儕與經理的回饋意見，提供全方位的視角，呈現眾人對他的看法。）要是某人的報告結果很差，接下來會如何處理？你們是否已經準備好方案，幫助他走出這段低潮期呢？

• **失去摯愛：**

總會有員工失去摯愛或親人的時候，一旦發生這種憾事，應當給他們支持。組織是否應該擬妥計畫，以因應這樣突發的意外事故？例如團隊很快動員起來，幫助當事人安排請假，移交工作任務，並提供生活上的協助或支持（如：送餐、照顧小孩、跑腿等）。

不論是生活或工作，都有許多值得挹注心力的時刻。接下來，大家會學到規劃這些時刻的技巧。

〔案例1〕**銀行不該錯失為客戶貼心設想的時刻**

溫馨提示

我們會在每個章節的末尾，附上一則「案例探討」，讓大家更清楚如何在現實生活中運用本書中的概念。本章的案例是著重探討「關鍵時刻思維」的訣竅。

狀況

個人客戶銀行業務的巨擘，如花旗銀行、富國銀行、PNC銀行等，每年都會投入數十億美金，致力打造值得信賴的品牌形象，更不惜斥資引進新科技，把每一間分行裝潢得美輪美奐，以提升「顧客體驗」。

但令人吃驚的是，儘管這些銀行竭力爭取顧客的忠誠度，卻沒注意到顧客人生中真正重要的時刻。顧客可能和銀行建立了數十年的關係，試想一下，他們在這麼長的時間內，會在人生中經歷多少重大時刻！更重要的是，許多時刻其實都與銀行息息相關，像是購屋、換工作、為孩子存教育基金、結婚、退休等。

核心問題

銀行能否學會「關鍵時刻思維」？

如何創造關鍵時刻？

如同本章所述，有三種情況會自然出現關鍵時刻：一、轉變，二、里程碑，三、低谷。讓我們逐一檢視它們與銀行業務的關係。

一、加入「提升」元素

◆ 購屋：這麼重大的改變難道不值得慶祝嗎？很多房仲業者在交屋時都會送給客戶喬遷賀禮。那麼，承接客戶高額房貸的銀行，該送什麼樣的禮物呢？第一個月的月結帳單嗎？錯過這個時機真可惜！

◆ 新工作的第一份薪水：假如銀行寄給你一張賀卡，或是可購買有聲書的禮券，讓你能在通勤時聽書，該有多好？

◆ 年輕人第一次開戶：有個小男孩抱著撲滿，去加拿大的一間銀行開戶。姑且說他存了一三．六二元好了。櫃員說：「我們覺得你認真存錢好厲害喔，不如我們四捨五入，幫你湊成二十元整數，好嗎？」小男孩和父母聽了都非常高興，而這個舉動的成本只需要幾塊錢。假如銀行櫃員被賦予這種權力，能更常對客戶做出貼心的舉動，不僅他們的工作會更有趣、更有意義，還會發生什麼事呢？（第四章將提到一間Pret A Manger的快餐店，它的故事會帶來一些啟發。）

- 結婚：想像一下，有個客戶致電銀行，說她的帳戶要加上配偶的名字，開設夫妻聯名帳戶。過了幾天，她發現銀行竟從她的結婚禮物清單中，挑了一樣禮物送她！或者，銀行為這對準新人免費提供一次理財諮詢，這樣做又會如何？

二、設立里程碑

還記得Fitbit手環和Pocket軟體是如何記錄人們原本不會留意的成就嗎？（例如：你已經累積閱讀了一百萬字！）銀行也能比照辦理，而且傳達祝福訊息的管道非常多元；

- 當你的存款達到某個里程碑，比如一千或一萬美元；
- 當你有半年或一年時間沒動用「緊急預備金」；
- 當你在這家銀行獲得的利息達到一百或一千美元；
- 當你清償了百分之二十五、百分之五十或百分之七十五的房屋貸款；

◆最後，當你終於繳清了房貸，如果銀行能派人親自送房貸清償證明的文件給你，與你握手道賀，那不是很令人感動嗎？（澳洲某間銀行的經理對我們坦承，他們不只是沒親送證明，還向客戶收取一筆手續費才能完成清償證明手續！）

三、協助度過低谷時期

◆離婚或被解雇：若銀行在客戶處於困境時，能主動提出三個月的「房貸停繳期」，會將如何？房貸的繳納期數還是一樣，只不過因為配合停繳，最後一次繳付的期限會往後順延三個月。這種「停繳期」也適用於新手父母，銀行可以這麼對客戶說：「我們想，您可能需要為家裡添購一些用品，所以提供您幾個月的『房貸假』，希望可以減輕您的壓力。」

◆父母過世或失能後，協助處理後續事務：很多人面對這種情況都毫無頭緒，卻仍得想辦法釐清帳單、資產和債務狀況，此時銀行正好能夠提供相關的諮詢建議和協助。

結論

上述部分的建議可能有的成本所費不貲，或侵犯到隱私，畢竟不是每個人都希望往來的銀行注意到自己換了新工作或結婚。但重點是，銀行白白錯過了太多能夠獲得顧客忠誠度的關鍵時刻，對那些一再強調「要與客戶建立深厚關係」的銀行，這樣的忽視令人難以置信。兩造關係中的一方，完全不記得另一方的人生有哪些深刻動人的時刻，那麼這樣根本談不上是「關係」。

也許你的公司或工作不像銀行那樣，對人們有那麼大的影響力。但你是否也錯失機會，未能及時在重大時刻給予顧客支持、建議，或者說聲恭喜？現在，你開始具有「關鍵時刻思維」了嗎？

Part 1
提升時刻

Part 2
洞察時刻

Part 3
榮耀時刻

Part 4
連結時刻

引言

我們在之前已經回答了三個問題，包括：何謂「關鍵時刻」？為何要創造這些時刻？何時該具備「關鍵時刻思維」？但我們尚未解決最重要的問題——該如何創造關鍵時刻？

正如我們看到，YES Prep學校的創辦人設計了高三生簽約日，對畢業生來說畢生難忘的時刻。道格・迪思和同事們為核磁共振裝置創造了「冒險系列」，將兒童病患最討厭的恐懼低谷翻轉為巔峰體驗。這些例子都告訴我們：關鍵時刻是可以透過自覺而被創造出來的，所以你也能親手設計那些重要時刻。

接下來，我們會介紹構成難忘經驗的四大要素：提升、洞察、榮耀，以及連結。只要好好利用這四點，就能設計獨特且意義非凡的時刻。

我們先從提升談起。

提升時刻是一種超越日常的體驗，值得細細品味。那些時刻讓我們感到投入、欣喜、驚奇與鼓舞。它們就是人生中的「高峰」。

提升時刻可能是意味著某種轉變的各式社交場合，像是生日派對、退休餐會、成年禮、婚禮等。也有其他像是「登台」的經驗，諸如參加比賽、上台報告、戲劇演出等，此時事關重大，得全神貫注才行。

還有些提升時刻則是突如其來降臨的，比如臨時起意的公路之旅，在陽光下散步讓你心情愉快，或是心儀對象第一次碰觸到你的手。

那麼，我們還可以創造出更多的提升時刻嗎？當然可以。只要我們讓巔峰時刻再創高峰，譬如重新設計生日派對或構思客戶簡報，好讓這一刻更令人難忘。

創造提升時刻的訣竅很簡單，稍後會詳述。不過，儘管提升時刻的概念很簡單，但要想將它打造得有聲有色卻非常困難。（關於這點，稍後我們會詳述強鹿公司的「到職日體驗」——後來發生了令人訝異的轉折。）在許多組織中，不管是教會、學校或企業，都不在乎或是根本缺乏巔峰時刻，人們被日復一日的例行公事壓得喘不過氣，就算原本可能成為巔峰時刻，也會硬生生被磨平成微不足道的起伏。

在接下來的兩個章節，我們將細述如何辨識或強化提升時刻，你會發現有時大費周章地安排這一刻是必要的，而且這樣的努力也是值得的。畢竟，當人們回顧一生時，這樣美好的片刻永遠不嫌多。

第三章
創造永生難忘的巔峰時刻

比畢業舞會更令人難忘的「人性審判」活動

你是就讀加州聖馬刁的奚斯戴爾公立高中（Hillsdale High School）的高二生，在上歷史課時，你讀到了法西斯主義崛起、第二次世界大戰以及大屠殺。

同時，你也在英文課上研讀威廉・高汀（William Golding）的《蒼蠅王》（*Lord of the Flies*），這是一群男孩漂流到荒島，他們被迫遠離社會與文明，重回野蠻狀態的故事。高汀說，他之所以寫這部小說，部分是歸因於他在二戰服役時曾目睹的暴行。在書裡，他嘗試從人性弱點中尋找社會問題的根源。

那天英文課，全班正在討論書中某一段男孩們爆發暴力衝突的情節。此時討論突然被打斷，令你驚訝的是，自己拿到一張看起來很像正式法律起訴的文件（如左頁）。

____

____

____

原告律師

加州高等法院 聖馬刁郡

「每個人」都代表原告本人和所有處境類似的人 原告 反對 威廉・高汀 被告	案號：902034 集體訴訟 集體訴訟起訴書： 因誹謗與疏忽造成的失實陳述 原告要求：陪審團審判

原告提出控告的事由，是基於《蒼蠅王》小說中對人性的描述與信念，詳述如下：

本案的性質

1.《蒼蠅王》是威廉・高汀於一九五四年完成的小說。這部小說描述一群男孩被困在熱帶荒島上，日趨墮落，最後變成野蠻人，殺害兩名同伴，還企圖謀殺第三個人。

2. 關於這部小說，高汀宣稱：「（小說的）主題是：社會缺陷的根源在於人性的瑕疵。」

3.《蒼蠅王》以嚴重扭曲的方式描寫人性。

4.《蒼蠅王》是史上最暢銷、最具影響力的書籍之一，已經對好幾代的讀者造成負面影響，誤以為戰爭和暴力是人性不可避免的結果。

文件上說，威廉・高汀被控毀謗，理由是他在書中對於這群男孩的描述嚴重扭曲人性。你們班將審理高汀的案子，每個人可以選擇一種角色，無論是擔任證人、律師，還是法官皆可。

這場審判圍繞著幾個震撼人心的大哉問展開，包括：高汀認為人性有瑕疵，這樣的陳述是否正確？文明是否只是用來掩飾暴力的手段？

這個活動是奚斯戴爾每屆高二生都得參加的年度盛事，大家稱之為「人性審判」（或「高汀審判」）的活動。你和同學們將有兩個月的時間做準備。開庭日當天，你會搭乘校車前往真正的法庭，在老師和校友組成的陪審團面前進行審判和訴訟，旁聽席上會坐滿同學和家長。

如果你是擔任律師，你可以傳喚知名的歷史或文學人物出庭作證，這些人對人性都各有見解，不論他們認為人性本善或是惡。他們可能包括如希特勒、甘地、德蕾莎修女，以及英國政治哲學家霍布斯（Hobbes）等在意料中之人，但也會出現令人意想不到的證人，例如珍古德、馬克吐溫、電影《星際大戰》中的黑武士，甚至是美國嘻哈音樂人圖帕克・夏庫爾。這些名人都將由同學穿著戲服來扮演，每位同學都得勤於研究，反覆排練有關人性問題的證詞。

多年來，許多陪審團裁定高汀有罪，也有許多陪審團將他無罪開釋。而這次的結果，即將由你決定。

❁ ❁ ❁

一九八九年，甫任教三年的社會科老師葛瑞格・喬敖斯，與教書達二十年之久的英文科老師蘇珊・貝德芙設計出「人性審判」的活動。兩人原本並不熟識，直到某次有學生抱怨這兩位老師把重要報告的繳交日訂在同一天，這才讓他們開始聊天，也發現彼此有很多共通點。其中之一是，他們都已逐漸對教學感到倦怠，甚至考慮是否要放棄教職。

「我陷入英文老師的教學窠臼：讀一本小說、討論、考試。」貝德芙說，「我正在想法子重拾初任教時的熱情。」

他們也都渴望多給學生一些東西，談著談著，兩人認清了一件事：雖說高中生花最多時間待在教室，但最難忘的經驗卻鮮少在教室裡發生。他們只記得畢業舞會、足球賽、音樂劇、學生會選舉、游泳比賽，以及才藝表演。

於是，喬敖斯和貝德芙問了自己一個問題，而這也成為兩人日後規劃教學方向的指引：

「我們能否設計出像畢業舞會一樣令人難忘的課堂體驗？」

這兩位老師企圖打造一個媲美畢業舞會般令人難忘的巔峰時刻。想想看，舞會當晚可是乳臭未乾的小子會租一輛加長的豪華禮車，最後甚至醉到在心儀的對象身上嘔吐……等，要超越這種難忘的夜晚，的確是高難度的挑戰。

他們還希望這項體驗可以結合某些重要的課程主題，像是兩人始終參詳不透的謎團——人性的本質到底是什麼？

後來，喬赦斯無意間讀到一篇文章，敘述某人對該隱進行審判。該隱是亞當與夏娃之子，殺死了弟弟亞伯。（在《聖經》中，該隱是第一個降生的人，也是第一位殺人犯，這件事本身就說明了人性。）模擬審判似乎是最好的形式，既特別又具有戲劇張力，而且難以預測結局會是什麼。

「我們刻意提出各種方式來增加它的難度，」貝德芙說，「我們想為這項體驗帶來更多挑戰和價值，讓孩子盡力突破自我。我想大概沒有一個孩子曾做過這樣的嘗試。」

第一年舉行「人性審判」時，他們邀請校長、足球隊隊長，以及從這所高中畢業的一些名人擔任陪審團，以增加挑戰性。他們希望學生能夠用慎重的態度，在本校最有權威的人士面前進行這場訴訟。

喬敖斯和貝德芙在帶著學生做為期數週的準備過程中，也感受到同樣的壓力。如果失敗了，校長會在現場目睹整個過程。「我們和這群孩子正經歷一樣的挑戰，」貝德芙說，「我從來都不是那種敢冒險的人。」[3]

但在看到學生有多認真投入這件事後，兩人信心倍增。「大夥兒全心投入，充滿熱情，相當專注。」喬敖斯說，「我們從沒要求他們多做什麼，但孩子們卻會在放學後主動留下來練習。」

「而且學生從沒問過『這個活動可以拿到多少分數？』」貝德芙覺得難以置信，「孩子們總是習慣先問這個問題，但這次他們連問都沒問。我們想，哇！我們真的找到讓他們充滿動力的東西了。」

第一年，審判過程並不順利。某些證人表現得相當出色，但有些人幾乎沒準備就上場，也有人太過緊張。但整場活動的氛圍令人難忘：穿著西裝飾演律師的學生在真正的地方法院，質詢證人「甘地」，坐在旁聽席上的人們則觀看著這場訊問。

當「無罪！」的判決結果出來後，全場爆出如雷的掌聲與歡呼聲。

審判結束後，喬敖斯看到一個平常在課堂上老是興趣缺缺的學生，像剛投進致勝的一球般，在走廊上雀躍地跳著。他興奮地問道：「太棒了！那我們接下來要做什麼？」

從那時起，人性審判就成為奚斯戴爾高中的慣例。到了二〇一七年秋天，已經連續舉辦了二十九場。

喬赦斯和貝德芙打造出絲毫不遜於畢業舞會的課業活動，甚至更加令人難忘。喬赦斯相當自豪地說：「我聽過的每一場畢業演說，都會提到這場人性審判，但我從沒聽過有人提起畢業舞會。」

有一群同樣任教於奚斯戴爾高中的老師，多年來不斷聽到畢業生說起這場審判真令人懷念，身為專業教師，免不了感到一絲嫉妒。他們也想為畢業生創造巔峰經驗。於是他們設計了「畢業成果展」（Senior Exhibition），由學生自行選擇研究主題，用整個學年的時間做準備，並在春季學期為最終的成果進行「答辯」。討論的主題包羅萬象，包括魔幻寫實主義、厭食症、甚至還有核融合的未來。

許多父母都前來參加成果展，他們的驕傲之情溢於言表。「我想父母很少有機會能真正看到孩子的作品，」傑夫・吉爾伯說，他是畢業生成果展的策劃人之一，也是現任的校長。「他們會看到游泳比賽、舞蹈表演或戲劇演出，但極少會看到孩子的學術成果。」

他接著說道：「學校應該像運動賽事，運動裡會有比賽，而且是在觀眾面前進行。但我

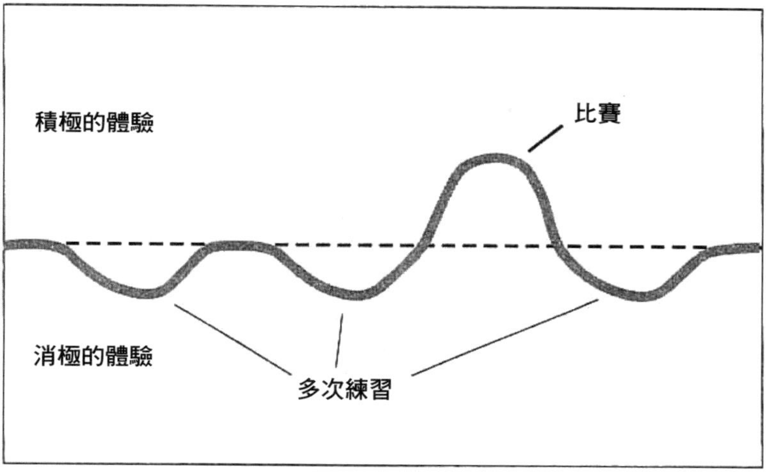

們的教育卻始終停留在不間斷的訓練，卻從不進行比賽。想像一下，假如沒有競賽，會有人想加入籃球隊嗎？所以重點是，什麼才是適合學生的『比賽』？」

這就是關鍵時刻的思維。基本上，吉爾伯問的是：「巔峰在哪裡？」就運動而言，比賽會帶來巔峰。我們可以將一名學生運動員一週的練習狀態畫成圖表，其中三項很枯燥的練習讓心情都低落到中間值以下，唯獨比賽時能讓情緒飆升，超過了中間值。這場比賽的高峰，就是讓一切辛苦都值得的原因（上圖）。

一般的學生生活就像平坦的直線，或許期末考算是低谷，但大致上，每日的情緒不會有太大的起伏（下頁上圖）；而「人性審判」或「畢業成果展」則為這條平坦的直線創造出高峰（下頁下圖）：

請注意，這並非不花費成本，或無須付出代價。投入人性審判的時間和精力，必然是來自其他地方，例如喬敖斯和貝德芙犧牲了部分空閒時間，而且為了專注準備審判，在其他課程投入的心力也難免變少。

那麼，這樣的付出值得嗎？答案幾乎是肯定的。第一章提到精彩的服務體驗箴言：「大多轉頭即忘，但偶一為之卻會令人難忘。」這句話同樣也適用於學校生活和人生經驗。這些「偶爾令人難忘」的精彩片刻不該只憑運氣碰上，而是要事先策劃、投注心力，好好打造巔峰時刻。若我們沒能做到這一點，最後恐怕只會剩下「大多轉頭即忘」。

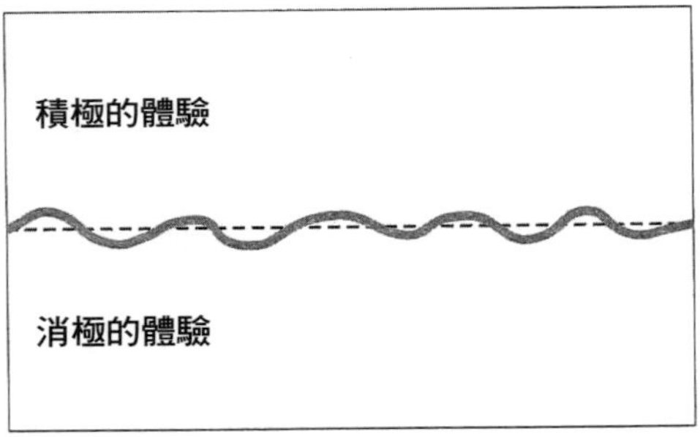

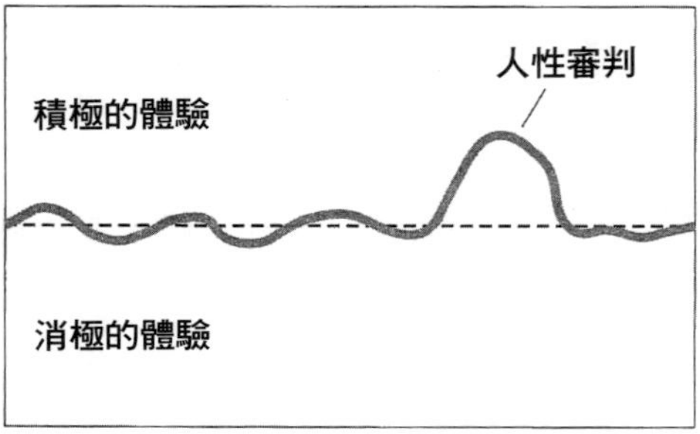

美國有三萬五千多所高中，但當中有多少間學校辦過像人性審判這麼好的課程活動，就算只有一次也好？我們的高中都是非常優質的公立學校，卻從來沒辦過。你們的學校有嗎？

別再追求零客訴，創造驚喜才是王道

儘管在學校或人生裡遇到的大多是「轉頭即忘」的經驗，頗令人失望，但在商業世界裡，這卻可能不是件壞事。在和企業打交道的時候，不論是為了電力、自來水、有線電視、網路、交通、加油、水電工程，或是治療牙齒，有時候你反而會希望，那是轉身即忘的經驗。因為對許多顧客來說，網路斷線、馬桶堵塞、牙醫助理幫你用牙線清潔齒縫太用力的這些低谷時刻，是可以被遺忘的。換句話說，對許多企業來說，消費者「轉頭即忘」反而是最好的結果，因為這表示服務沒出錯，你已經得到想要的商品或服務，那就是成功。

你可以把這視為打造成功顧客體驗的第一個階段。首先，你填平了坑洞，這麼一來，你便可進入第二個階段——打造會令顧客眼睛為之一亮的精采時刻。亦即先填補坑洞，再建立高峰。

令人吃驚的是，許多企業主從未關注過第二個階段。他們在處理完服務中的大麻煩後，就又急於解決次要的問題或小瑕疵。領導高層似乎只想創造零客訴，而非打造不同凡響的體驗。

以魔法城堡飯店為例。假如這間飯店缺熱水，那就是個重大的缺失，就像坑洞一樣，除非被填平，否則客人也不會對冰棒熱線感到驚喜。在飯店業，你得先滿足房客的基本需求，包括辦理入住的高效率、房間不能太醜、床要有一定程度的舒適……等，否則很難讓他們滿意。當然，不論你做得再完美，有些顧客依舊能找到抱怨之處！燈不夠亮、沒有HBO台可以看、點心菜單上居然沒有無麩質的果醬吐司餅乾！

服務業總有許多待修補的小瑕疵，這就是為什麼有時候行政主管會被困在永無止境的客訴循環裡，因為他們永遠只會防守，而不曾主動進攻。

魔法城堡飯店的經營團隊則是主動出擊，他們不打算追求完美，即便大廳有點像汽車保養廠的等候區也沒關係，但他們會精準命中令顧客難忘的時刻。總經理戴倫・羅思經常鼓勵員工，要創造出讓顧客驚喜的時刻。有對夫婦晚上回到飯店，和一位職員聊天時，不住地誇讚當地某間酒吧有款調酒超好喝。隔天，當他們出門觀光回到房間後，驚訝地發現房裡有一樣禮物，是那名員工特地到那間酒吧，想法子問到調酒的配方，還把所有材料買齊，讓他們能親手調製。這就是採取攻勢的例子。

（這種思考方式唯一的例外是，當顧客因為產品或服務有問題而主動聯絡客服時，企業應該以「防守」為主，也就是致力解決問題，而非試圖「取悅」他們。）

德州農工大學教授暨服務專家倫納德・貝里說：「許多調查均顯示，可靠、可信，再加上專業，便能符合顧客的基本期望。但若想超越顧客的期望，打造令人難忘的經驗，就得在服務和人際互動層面下工夫。你需要掌握驚喜的要素，而這一點來自於人與人的互動。」不過令人訝異的是，大多數服務業主管都對忽略「達標」與「超標」這項研究的重要性。

頂尖的研究顧問公司弗瑞司特（Forrester）有一群鑽研顧客體驗的研究員，每年都會調查超過十二萬名顧客和各種企業打交道的經驗，包括銀行、飯店、汽車製造業者、電腦製造商等。在二〇一六年美國顧客體驗指數的調查中，有個問題是顧客對這次體驗的感受。請他們從一至七打分數，一分表示感覺非常糟，七分是非常好（如下圖）。

如果你是服務業的高階主管，面對統計數據你會如何處理？你大概不太會關切給七分的客人，畢竟這些人愛你，而且很滿意。但既然其他給一至六分的人都覺得有改進空間，你該先關注誰？你會想法子修補那些給你一分客戶之間的糟糕關係，還是先取悅給你六分的客戶，推一把讓他們給你七分，從而變成鐵粉？

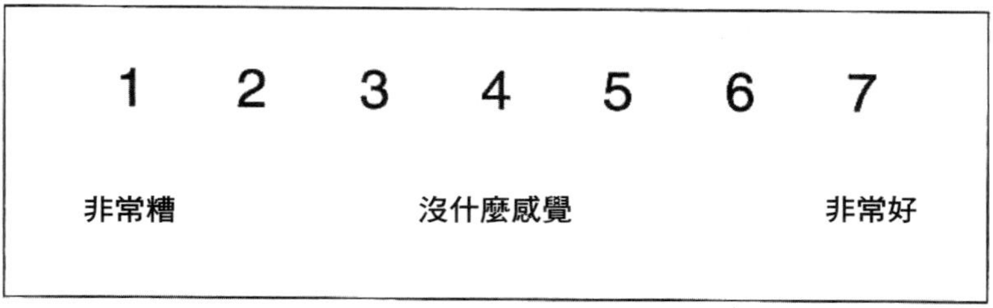

理想狀況，最好是這兩種方法都嘗試，讓大家都能給你七分。但在現實世界裡，時間和注意力有限，你得做出取捨。那麼，你要先關注哪種客戶群？

先稍微簡化這個題目：假設你得從兩個計畫中選一個，A計畫可以神奇地消除所有不滿意的客戶（給一到三分的人），讓他們普通變成四分（上圖）；而B計畫會立刻讓所有覺得「普通」到「還不錯」（給四到六分）的顧客變成七分（下圖），你會選擇哪一個？

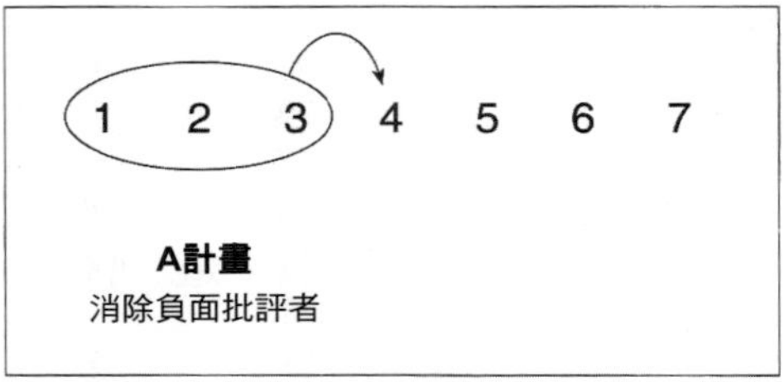

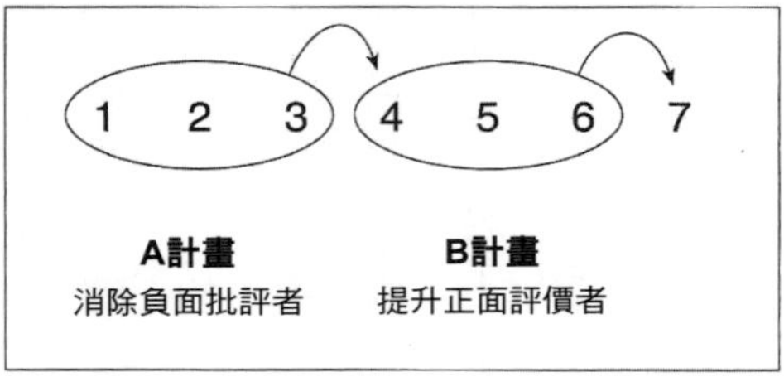

我們曾向數十位重視顧客體驗的高階主管提出這個問題，請他們根據公司時間和資源的分配狀況，認為哪個計畫更適合他們。結果，那些廣受推崇的品牌，如保時捷、迪士尼、先鋒集團（投資巨擘）、美國西南航空，與直覺外科公司的主管表示，他們估計公司應該會有百分之八十的資源用於改善最糟糕的顧客體驗（左頁上圖）。

這乍聽之下似乎合理——他們努力解決最嚴重的問題。但以「策略性投資」的角度來看，這是愚不可及的行為。

為什麼這麼說？弗瑞司特的研究人員建構了顧

客的財務模式，他們從調查中得知，在航空業，給七分的顧客，隔年平均會花兩千兩百美元搭飛機，而給四分的顧客，平均只會花八百美元。如果是包裹運送業，相對應的數字則分別是五十七與二十四美元。

換句話說，不論是哪一種產業，最滿意的這群顧客往往願意再掏出更多錢。因此，將一個顧客從四分提升至七分，會比從一分拉到四分帶來更多消費成長。進一步說，四至六分區間「有正面感受」的人數，遠遠超過一至三分「有負面感受」的族群。所以若採用B計畫，你不僅能在每一名顧客身上創造更高的經濟價值，同時也會和更多顧客建立良好的關係。

由此可知，選擇A或B會導出截然不同的結論。弗瑞司特公司搜集到的數據，顯示出以下令人詫異的結果：若你選擇「提升正面體驗」（B計畫），每年創造的營收會比「消除負面體驗」（A計畫）

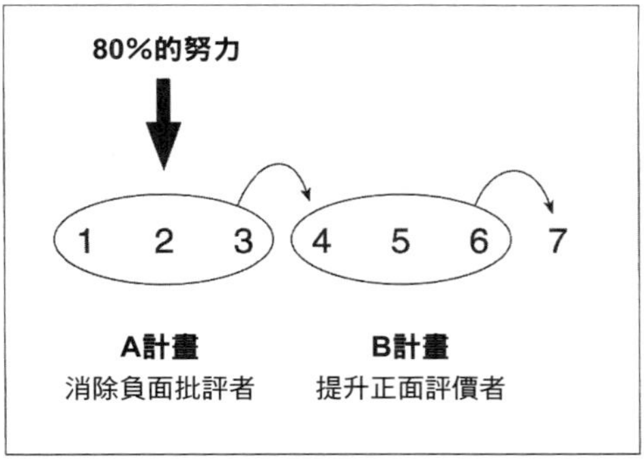

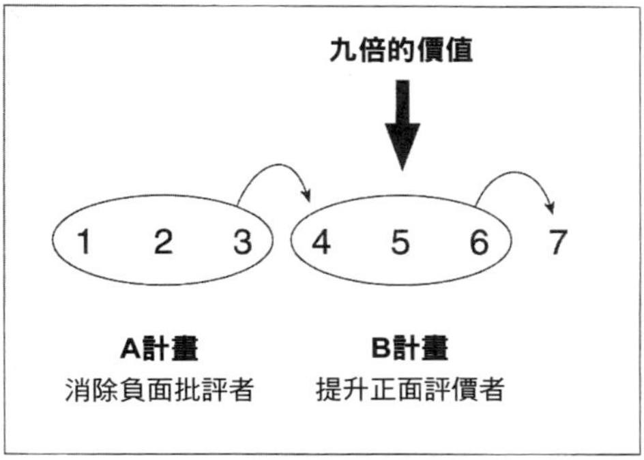

高出九倍。（前頁下圖）（確切地說，是八・八倍。）然而，大多數領導階層仍決定採用A計畫。（第311頁的註釋4會解釋上述調查結果所採行的方法，以及經常出現的反對意見。）

為何這些領導人會做出錯誤的決策？其實我們應該可以理解，因為每個人都會在不同的領域犯下相同的錯誤。

研究一再證明，人們總是更容易被「問題」與「負面訊息」所吸引。球迷對於輸掉的比賽會比贏球記得更清楚；我們寫日記時花最多時間記錄的，是倒楣的壞事；一則負評的影響力遠超過十則好評。賓州大學的學者彙整了數十份關於正面與負面訊息影響力的研究，最後的結論就是論文的標題：《壞力量比好力量更強大》。

所以，服務業的主管會更關注那些最不滿意的顧客，這並不令人意外，因為這是人性。但順著人性行事，往往會錯失巨大的機會。

在此聲明，我們並非鼓勵主管不必花費力氣解決大問題，只是建議應調整比重，讓態度正面的顧客更加滿意（提升），而不是讓態度負面的客戶消失，如此便可增加九倍的收益。

而提升的過程，要讓顧客們願意給予七分評價，要做的並非僅是填坑或鋪平馬路上的凹洞。為了吸引更多粉絲，你需要出奇制勝，也就是要有高峰。而高峰不會從天而降，必須靠你親手打造。

克服「很麻煩」的技術

該如何建立高峰？你要創造具有提升、洞察、榮耀與連結等要素的正面時刻。稍後我們會探討後面的三個要素，但現在先專注討論「提升」這件事。

想提升某個片刻，首先，要強化感官魅力；其次，是增加刺激性；最後，別按照腳本走。（也就是顛覆人們對於經驗的預期，下一章會專門討論這點。）營造提升的時刻不必三項要素都具備，但至少應包含其中兩種。

- **增加感官魅力：**也就是把現實「調高音量」，讓事物顯得更好看、更美味、更悅耳，或觸感更佳。婚禮上要有鮮花、美食、音樂和舞蹈；（而且不見得要花大錢，參見第312頁註釋6）戴上白手套的服務生端著銀製托盤，為住宿房客送甜點，這是冰棒熱線的服務方式；人性審判則是在真正的法庭裡進行。

人們經常會在出席象徵高峰的場合換上不同的服裝，諸如畢業袍、婚紗，或地主隊的服裝。在奚斯戴爾高中，扮演律師的學生穿上西裝，證人也打扮成該角色的模樣。巔峰時刻意味著有特殊的事情發生，看起來就該不一樣。

• **增加刺激性：**就是增添「有建設性的壓力」，像是競賽、遊戲、表演、期限，或者公開承諾。試想一下，籃球賽前的緊張不安，高三生簽約日上台致詞的手心冒汗和心情激動，或者奚斯戴爾高中學生必須通過畢業展的口試壓力。還記得貝德芙老師曾說，她和喬敖斯在設計人性審判時，故意用各種方式，提高活動的難度。他們讓學生在陪審團面前進行審判，而陪審團成員包括校長與橄欖球校隊四分衛等，這就是讓壓力加碼。

有個簡單的診斷方式能確定此舉是否超越尋常，那就是人們有沒有拿出手機拍照。一般而言，拍照一定代表特別的時刻。（自拍狂不算，他們覺得自己的長相就已符合「特別」、「獨一無二」的條件。）我們想捕捉某個瞬間，意味著「我想要記得這一刻」，這就是提升的時刻。

同理，削弱感官魅力或減少刺激性，就會讓一個時刻變得平淡乏味。想像一下，缺乏遠見的主管可能會說以下的話：

＊「喔是啦，提供冰棒給房客是滿可愛的點子，但說實話，設一支全天候有人接聽的熱線電話太不切實際了。不然，在製冰機旁放一台可以讓房客自取冰棒的冷凍櫃呢？」

＊「人性審判真的需要做出判決嗎？讓雙方都覺得自己是贏家，不是比較好嗎？」

＊「簽約日的確是很棒的傳統活動，但我們的學生人數太多了！不如直接把他們錄取的大學名稱印在節目單上，省下來的時間還可以來場激勵人心的畢業演說。」

請注意，「合乎常理」容易消磨人的鬥志。一味講求合理，會讓你的巔峰時刻被一點一滴消磨殆盡，活得很庸俗。道路上的減速丘是合理的設計，但聖母峰可不講什麼合理。不要讓追求理性與安全感，毀了人生中本該精彩絕倫的那些時刻。

現在，或許你已了解，在人生或工作中創造更多巔峰時刻是個好主意，但你可別低估讓它發生的難度。觀念用說的簡單，執行起來卻很困難。

困難的原因在於，創造高峰並非屬於任何人的職責。貝德芙和喬敖斯得按規定教授英文和歷史，並批改學生的報告和考卷。但舉辦人性審判活動卻純屬個人抉擇，兩人必須克服無數令人心煩的障礙，包括顧及其他人的想法與組織人力等問題。（光是安排校車在非正規時間，把一大群學生載到市區的法庭，就已經夠麻煩了，尤其預算內根本沒編制這筆開銷。）合乎常理的思維很容易在這種時候悄然出現。

再舉一例：記得強鹿公司的到職日體驗嗎？誰都想得到這種計畫，對吧？你大概以為強鹿各地的分公司都會這麼做吧？

但是並沒有。執行時始終窒礙重重，弗萊帶領小組成員規劃出這種體驗，但這個小組屬於內部品牌的團隊，縱然他們設計了方案，但要不要推廣的決定權，仍是在強鹿各分公司的手上。儘管在印度和北京，這項體驗備受歡迎，但也有其他分公司完全置之不理。為何如此？因為這不是任何人的職責，而且也很麻煩，更何況總是有更緊急的事要處理。

同樣的情況，也會讓我們在私人生活中難以創造巔峰時刻。想像你跟一位好友一直想去看北極光，你們倆都將此事納入畢生的願望清單。你甚至已經選定加拿大的育空地區，覺得那裡最適合欣賞北極光。若你現在就打電話給那個朋友，認真討論這趟旅行，會怎麼樣呢？

你大概也能預料接下來會發生什麼事。首先，你們會連續三星期互撥電話，但都找不到對方；接著，從一開始「我們一定要去！」的興致勃勃，回歸到現實面：擔心請假對工作造成的影響、兩人的時間很難配合、小孩上學的問題、錢的問題。要是沒帶另一半去，你會有罪惡感。讓他們一起來好嗎？當然好啊，結果，現在變成要喬四個人的行程表，更衍生出得請保母照顧小孩的問題。

結論是：「不然明年再看看？」

我們不是要潑你冷水，恰好相反，我們是想幫你下定決心：建立巔峰遠比你想像的更加困難。不過一旦辦到，你會覺得過程中付出的每一分努力都是值得的，屆時你便能創造出屬於你的關鍵時刻。

癌症是最好的老師：一位CEO的終極時間管理課

尤金・歐凱利（Eugene O'Kelly）在他感人肺腑的回憶錄《追逐日光：一位跨國企業總裁的最後禮物》（*Chasing Daylight*）中，致力於闡釋該書開頭那句不凡的話：「我很幸運，被告知還有三個月可活。」

二〇〇五年五月的最後一週，歐凱利的醫生告訴他，他罹患了罕見的膠質母細胞瘤。他的腦內長了三顆高爾夫球般大小的惡性腫瘤，而且無藥可醫。那時歐凱利五十三歲，在市值達四十億美元、擁有兩萬名員工的安侯建業會計師事務所擔任執行長。他有太太柯琳和兩個女兒，小女兒吉娜十四歲，還在學校上課，等著放暑假。然而等吉娜秋天回到學校上課時，她父親可能已不在人世。

「我和柯琳為未來所擬定的計畫，統統得捨棄了。」他說，「曾想要的生活已不復存在，我越早放棄這些計畫越好。我得趕快擬定新目標。」

六月八日，也就是診斷出爐後兩週，他辭去安侯建業公司的管理職位，然後做了一件再自然不過的事：重擬計畫。「我能說什麼呢？畢竟會計師不只是我的職業，也是我的處事方式……如果沒做規劃，我根本不知該怎麼做事，包括面對死亡也是一樣。」

那晚，他坐在餐桌前，畫了五個同心圓，那是他全部的人際關係圖。家人位於圓心，最外圍則是關係最淡的人，像是生意夥伴。他決定要逐一結束這些關係，用「最美好的方式道別」，而且要按照順序，由外向內實行。他知道，隨著他日益病重，會想要有更多時間，安靜且不被打擾地和最親近的人相處，尤其是家人。

他開始著手解除最外圍的兩層關係，方法很簡單，撥一通電話或寄電子郵件，分享共同的回憶或表達感謝之意。他盡量小心別讓對話變得太傷感或沉重，他希望這些時刻是特別的。

第二、三圈是較為親密的朋友和同事，他會單獨與他們見面。歐凱利希望這些見面的時光是充滿「愉悅和享受」。有時是共享一頓美食，有時則選在美麗的地方碰面，坐在池塘邊的長椅上，或在中央公園裡散步（在風險升高的氣氛中，強化感官體驗）。在道別的過程中，歐凱利和朋友交換彼此的故事，暢談人生，也由衷感謝他們的友誼。

他意識到，這些巔峰是「完美時刻」，他認為，此刻他的使命就是在這餘日無多的人生裡，盡量創造更多的完美時刻。

待夏季過了一段時間，他開始增加與摯友及家人共度的時光。他已經進入關係圈的中央位置，他和兩個妹妹羅絲和琳達道別。到了八月，他和妻子柯琳、女兒吉娜搬去他們位於內華達州塔霍湖地區的第二個家。那時，為了縮小腫瘤，多爭取數週的時間，歐凱利剛結束一段放療，此刻的他非常虛弱。

八月下旬，他母親和弟弟搭機到塔霍湖度週末。這次的拜訪將是他們最後一次見面。在那個美麗的星期日，他們一同在湖上划船。

歐凱利寫道：「我們在湖上划了一會兒，然後我牽著母親的手，陪她走到船頭，只有我們倆。我告訴她，我心情平靜，相信日後會在天堂見到她。她是虔誠的信徒，能夠平靜接受此事……那是美好的一天，我感到圓滿。雖然很疲憊，但也很滿足。」

母親和弟弟回去的當晚，他躺在長沙發上，柯琳依偎在他懷中。她察覺到他將不久於人世，談起他一旦「缺席」的種種情況。他說：「妳現在得接手，我能做的都做了。」

約莫兩星期後，二〇〇五年九月十日，歐凱利因肺栓塞去世。

臨終前那段日子，歐凱利體會到片刻的非凡力量。他寫道：

「我在這兩個星期內所經歷的美好片刻，遠比過往五年加起來還多，也可能比我未來五年還要多。看看你的行事曆，你看得到前方的美好日子嗎？還是說，它們只是被隱藏著，除非你能找到方法讓它們顯現出來。如果我對你說，你的目標是設法創造三十個美好的日子，你辦得到嗎？需要花多少時間？三十天？六個月？十年？還是永遠辦不到？我覺得自己一天過得像一週那樣豐富，一週像一個月那樣深刻，一個月像一年那樣充實。」

歐凱利因為有機會得知人生期限將至而倍感幸運。我們是否也該像他一樣，對重要時刻抱持同等的熱情？也許我們能夠活得比他久，但這不該成為拖延的藉口，不是嗎？

這便是人生最大的陷阱：一天接著一天，一年就過去了，而我們始終沒去找某人談話；沒有為學生創造巔峰時刻；沒親眼欣賞北極光。我們僅是日復一日地走在人生坦途上，卻忽略我們原本也可攀登千巖萬壑的大山。

要擺脫這種慣性並不容易。於歐凱利而言，是絕症讓他辦到的。

那麼，對你而言，會是什麼事能激勵你創造完美時刻呢？

第四章

生活可以打破常規，不必按腳本走

94％的驚喜比60％的滿意更重要

克里斯・胡恩（Chris Hurn）的兒子不肯上床睡覺。這個小男孩剛從佛羅里達州的阿米利亞島度假回來，這是回家的第一晚，但他不小心把最心愛的長頸鹿玩偶喬西留在佛州的飯店，忘了帶回來，沒有喬西他就會睡不著。於是，胡恩陷入了困境。

就像所有為了哄小孩乖乖睡覺而用盡各種方法的父母一樣，胡恩評估了幾個選項，最後決定撒點小謊。他對兒子說：「喬西很好，它只是想在度假村多待幾天。」他兒子似乎相信了這套說詞，最後慢慢入睡了。

當天稍晚，麗思卡爾頓酒店的員工來電說已經找到喬西，胡恩不禁大大鬆了口氣。胡恩向這名職員解釋他跟兒子扯的謊，也請對方幫個忙，能否代為拍一張喬西躺在泳池畔休閒躺椅上的照片，好證明喬西真的還在度假。

幾天後，喬西回到家了，還附上一本滿是相片的相簿。其中一張是喬西在泳池旁休憩，另一張是喬西開著高爾夫球車，還有些則是拍它跟酒店的鸚鵡一起去ＳＰＡ美容中心按摩（雙眼還敷著小黃瓜片），期間甚至進了監控室，監看飯店的保全畫面。

胡恩和妻子都很高興，他們的兒子更是開心不已。胡恩把這次經驗寫在部落格上，文章之後爆紅。

為什麼大家都愛喬西的故事？因為這顛覆了我們的預期。當孩子在度假時丟失了心愛的玩偶，接下來會發生什麼事？運氣好的話，頂多就是被寄回來吧。（就算如此，也很可能是隨便被塞進紙箱，以節省郵資，收到後還變得皺巴巴的。）

但麗思酒店的員工卻願意花時間拿著長頸鹿玩偶，在飯店各處拍下誇張又搞笑的照片——「去拿小黃瓜片給我幫它敷眼睛！」就是為了取悅已經退房的房客。這麼做雖然奇怪，卻有不可思議的效果。

麗思酒店的員工沒按腳本走。script（腳本、劇本）的涵義，源自一九七〇年代的心理學研究，指的是我們對某一類典型經驗預期的流程。比方說，「餐廳腳本」大概會像這樣：我們走進餐廳，有人過來招呼，帶我們去某張桌子，遞上菜單，接著有人會端水過來，然後負責我們這一桌的服務生會過來詢問要點什麼食物，諸如此類。這是餐廳的運作模式。心理學家羅傑・尚克（Roger Schank）與羅伯特・布森（Robert Abelson）利用「腳本」的概念來說明我們的大腦如何儲存與提取知識的過程。讓我們試著想像這個簡單的場景：

約翰點了一個漢堡。

送來時是冷的。

他只給一點點小費。

這個場景很輕易就能在腦中形成畫面，但是稍微不夠完整，因為裡頭完全沒提到服務生、餐盤、餐桌，甚至這是在餐廳。於是我們腦中既定的餐廳腳本就會腦補所有遺漏的細節。

現在再想想另一種場景：

哈莉特去參加傑克的生日派對。

蛋糕很難吃。

她只給傑克的母親非常少的小費。

等等，這是什麼超展開的劇情？關於生日派對，我們也知道有套制式的劇本：父母送生日禮物，孩子們一起吃蛋糕，有時還會試著大力敲擊皮納塔，直到糖果掉出來為止。但是我們從來不會給壽星的媽媽小費，這個情境顛覆了常見的腳本。

我們在上一章提過，創造「提升時刻」需要加強感官的愉悅，並且增加刺激。而不按照腳本走，亦即違反人們對某種情況的預期，則是第三種方式。

「不按照腳本」是不是另一種「驚喜」（surprise）呢？是的，驚喜確實在某個時刻令人難忘，但並非只是說聲「Surprise!」那麼簡單。要令人感到出乎意料，可以用便宜又易得的方式。像是如果電力公司提倡「每週二停電日」，會讓人吃驚（若限電是為了節能，還搞個「週六點亮捕蚊燈」活動，就更離譜了），但這種意外的驚奇沒有任何意義。

顛覆腳本不光是為了驚喜，而是要巧妙運用策略。麗思卡爾頓酒店之所以為喬西製作相簿，這不僅是舉手之勞的日行一善，而是他們希望憑藉獨到不凡的服務，讓人留下深刻的印象。

「顛覆腳本」與一般所謂「出乎意料」的不同之處，在於讓人思考「腳本」這件事。我們的人生充滿各式各樣的腳本，像是你們家通常如何度過週末、團隊開會有何慣例、飯店入住該有哪些步驟……等，不一而足。要想顛覆腳本，首先就得好好了解腳本。

像是在麥當勞用餐，這個腳本是如此熟悉，幾乎到了能感到安心的地步。無論到世上任一間麥當勞，你都能夠預期相去無幾的經驗，這種感覺其實滿好的。但問題在於，熟悉感和難忘的特質是互相衝突的，有誰會珍惜上次在麥當勞用餐的經驗呢？如果你想為顧客創造難忘的時刻，就得學會顛覆腳本。

旅遊網站 TripAdvisor 針對飯店評論所進行的研究發現，當房客表示經歷過「令人愉悅的驚喜」時，高達百分之九十四的人會願意推薦這間飯店；而評價「非常滿意」的房客，則僅百分之六十表示願意推薦，而「非常滿意」已經是高標的分數了！由此可知，令人愉快的驚奇，其重要性不言可喻（想想冰棒熱線的例子）。但你該如何複製「驚喜」呢？

某方面來說，魔法城堡飯店這一招滿容易模仿的，因為他們的客人大概一生只會去住一、兩次，對這些人來說，冰棒熱線永遠不會變得無趣。但要是顧客每星期、甚至天天來，該怎麼辦？這就比較棘手了。

試想一下，某間咖啡店老闆打算每週五贈送義大利脆餅。第一週有免費餅乾可拿，必定充滿驚喜，但到了第四個禮拜，免費的脆餅會變成一種理所當然的期待。但倘若這項優惠取消，不難想像顧客一定會有所抱怨。（真是不知感激的傢伙！）

所以你該如何掌握甩開劇本的時機，讓某件事變得重要，卻又能避免陷入例行公事的輪迴，不至於讓客人對此習以為常？有個辦法是：加入一點隨機性。例如Pret A Manger連鎖快餐店（下稱Pret快餐店）的老主顧都會留意到，店裡偶爾會隨餐附贈某樣東西。有位研究服務業的專家提到關於獲贈免費咖啡一事：「過去幾年我收過好幾回，次數多到不像是巧合，卻又不夠頻繁到可以預期。這讓我覺得自己是被重視的顧客，也會讓我心情很好，下次還想再來。」

研究發現，這些「未刻意安排」的贈品其實是半隨機的。公司允許員工每星期免費贈送一定數量的熱飲和食物。公司執行長克萊夫・施利（Clive Schlee）表示：「由員工自行決定『我喜歡這個騎腳踏車的客人』、『我喜歡那個打領帶的男人』，或是『我覺得那個女孩很可愛』，結果是，大約有百分之二十八的人曾拿過免費的餐點。」

想想看，有近三分之一的顧客曾收到免費贈品！（若他們有迷人的酒窩，也許還可以拿更多次。）

其他連鎖零售店也會給持有會員卡的顧客一些折扣或贈品，但施利在接受《英文虎報》

（*Standard*）採訪時，表示他反對這種做法：「我們考慮過發行會員卡，但後來放棄了，因為我們不想花一大筆錢去做那種複雜的會員卡數據分析。」

這個想法非常有巧思，若採會員卡制度，這類「好康」就變成死板制度的一部分，但Pret快餐店的做法，不僅讓顧客開心，對員工來說也充滿樂趣。對員工而言，在一舉一動都要受到規範強力約束的工作裡，擁有些許自由的決定權，不失為一種安慰。你每個星期都可以送出一些東西給你覺得順眼的顧客。對於員工，這是不按牌理出牌的腳本。在服務業中，好的驚喜，能讓員工和顧客都覺得快樂。

另一個很棒的驚喜例子，和美國西南航空公司（Southwest Airlines）有關。這間公司標榜低票價和友善的服務，業績因此蒸蒸日上。西南航空的空服員即使面對勤務中較無聊的環節，也會想法子找出樂趣。比如在念飛行安全廣播詞時，其中有許多逗趣的文句，這些年來已經廣為人知。事實上，西南航空的總部還設有一道「名人牆」，收錄了幾則最受歡迎的笑話：

- 各位女士、先生，如果你想要抽菸，本航班的吸菸區設在機翼[1]；如果你能點著

[1] 譯註：wing 是機翼、也是翅膀。

火，就可以抽菸／燻製翅膀了❷。

- 為了有助於氧氣流通，請先拉下面罩，覆蓋住口鼻，投入一枚二十五分的硬幣後，我們將輸送五分鐘氧氣，之後每五分鐘需再投一枚十分硬幣。請自備零錢！
- 若你生活中真的用得到救生衣，那就把這件救生衣帶回去吧！
- 請先幫自己戴上氧氣罩，再幫小孩戴上。如果你不只帶一個小孩，就看哪個小孩比較有潛力，或者未來較不太可能把你丟在安養院，優先幫他戴上。

這些俏皮話帶來巔峰，因為它們不照例行的廣播腳本走。這些玩笑耗費多少成本？有帶來任何經濟價值嗎？某次西南航空分析團隊開討論會，那是一群專門分析乘客資料，以提出有用觀點的團隊，當時本書的作者之一奇普問大家：「乘客聽到好笑的飛安廣播詞後，會多搭幾次班機嗎？」

現場一片靜默。他們先前雖未討論過這個問題，但肯定自己回答得出來，因為他們有足夠的資料找出答案。一如許多大公司，西南航空也大量搜集顧客的資料。但不同的是，他們有能力根據這些資料制訂重大決策。譬如說，分析團隊先前已經弄清楚，旅客不太計較班機稍微延遲，但若超過二十五或三十分鐘，就可能讓他們以後不再搭西南航空。因此，西南航空的管理階層經評估後，決定再買兩架波音七三七飛機，以備其他飛機停飛時使用。這項投資雖無法解決延遲的問題，卻能降低班機誤點的影響。至於成本呢？每架飛機是五千至七千萬美元，總計約一億兩千萬美元。

飛安廣播詞引起了數據分析團隊的興趣，他們仔細鑽研顧客資料。在公司多次調查後發現，大約每七十名乘客裡，就有一人會主動提及他們聽過最有趣的飛安廣播詞。分析團隊以此調查為線索，找出與這些乘客搭乘同班機的全部旅客，因為他們都聽過同一段廣播詞。

讓團隊特別感興趣的，是那群每年至少搭西南航空一次以上的旅客，因為搭機次數過少的乘客，會難以分辨其行為的變化。結果顯示，當這群「忠實乘客」所搭的班機播放有趣的飛安廣播時，翌年他們會比沒聽到這類廣播詞的人，多乘坐半次航班。（當然這是平均數字，因為不可能有人搭「半次」航班，除非你有帶降落傘。）

這些多出來的半次航班價值幾何？按分析團隊估算，若西南航空能讓聽到幽默廣播詞的旅客增加一倍，結果便是每年可多出一億四千萬美元的營收！這比花在兩架七三七的成本還高。而且，這個營收是每年的利潤，換句話說，只要繼續讓空服員多講幾個笑話，每年就能

❷譯註：smoke 指吸菸和煙燻。

多賺兩架飛機的錢。對投資報酬率來說，這是極其驚人的數字，你甚至無須訓練空服員，只要重複播放好笑的錄音或整理成手冊就好。正如我們在Pret快餐店看到的例子：設計得宜的驚喜，蘊含著豐富的價值。

接連創立多家企業的史卡特・貝克（Scott Beck）認為，「製造驚喜」是零售業的基本法則。貝克曾在百視達、波士頓市場公司（原名波士頓雞肉餐飲）和愛因斯坦兄弟貝果咖啡廳三家大型連鎖零售企業擔任管理要職，他表示，讓生意壯大的祕訣是：「減少負面差異，同時增加正面的變化。」所謂減少負面的差異，是指避免各家分店用不同方式經營，導致顧客的體驗變差。例如，若某間分店把貝果烤得恰到好處，而另一間店十次有五次是焦的，這就是負面差異。解決這個問題的方法，是老闆必須設定一套標準化的制度，確保每回烤貝果都不會出錯。

但貝克也認為不該完全排除顧客獲得「差別待遇」的機會，當然，上述論點成立的前提，是在服務要有最基本的品質，例如員工必須有禮貌，要與顧客有眼神接觸等。不過，不同的顧客都有各自的需求與想法，有些顧客喜歡聊天，有些人則只想快快買完就走；有些人的心情極佳，也有人眼角猶有淚痕。若想「增加正面的變化」，必須將「人性」和「順其自然」納入制度中，換句話說，就是要給予員工一定程度的自由，不必完全照腳本走。

這種見解不僅適用於員工，用在父母身上也很合適。我們在家中老是忙著「減少負面差異」：讓小孩準時上學、解決家庭生活的混亂、平息手足之間的口角，但我們平常是否花費同樣的心力在「增加正面的變化」上呢？

舉個例子，當我們為本書進行研究時，會設計一些練習，並定期找幾組人實測，看他們覺得這些點子是否真的有用。其中一項頗受歡迎的練習叫做「週六驚奇」，方法簡單至極，那就是：改變每週六的固定腳本。

大家做這件事時都很愉快。有兩個手頭拮据的室友湊了點油錢，開車去科羅拉多州被磊石環繞的紅石劇場（Red Rocks Amphitheatre）一遊；有個浪漫的丈夫為妻子安排了一場黃昏野餐，地點選在德州聖安東尼奧的河濱步道；還有位媽媽請女兒規劃當天的行程，結果女兒回來交給她一份以小時為單位的周密計畫，她著實嚇了一跳。（這位媽媽說：「我是工程師，所以真的挺開心的！」）

週六驚奇催生出一個個短暫的關鍵時刻，只要跳脫日常，就能創造更多令人難忘的巔峰時刻。

走出辦公室，激發創意靈感

巔峰時刻使人生更有滋味，它讓高中教育更形豐富（人性審判），讓飛行不再索然無味（西南航空），也使小朋友雀躍不已（喬西的假期）。換句話說，它可以發生在任何時候，也具有提升的力量。

但別忘了，巔峰亦可用來標示轉變，像是婚禮或畢業典禮。因此，領導變革的高層應刻意創造關鍵時刻，以此作為劃分「舊時代」與「新氣象」的分界。畢竟，改變的重點，就是要捨棄原先的劇本。

二〇〇八年，威富集團（VF Corporation）的執行長請策略部門的副總裁史蒂芬・道爾主導一項任務：讓公司更具有創新精神。道爾和一名他新聘的同事余舜，共同負責這項創新專案，兩人做了一份數據翔實又頗具見解的簡報，仔細說明這項計畫。由於他們倆都是擔任過顧問的專業人士，在不斷精修這份計畫後，簡報整整長達了一百二十張投影片。

但離他們對全公司發表活動計畫只剩兩個月時，道爾突然對這種方式失去信心，他決定換另一種方法。他意識到，若想要成功，就得打破腳本，另闢蹊徑。

威富的情況相當複雜。你可能沒聽過這間公司，但它旗下有許多知名的流行品牌，包括

Wrangler、Lee牛仔服飾、Vans潮牌T恤、Nautica休閒服飾、JanSport流行背包，以及Timberland休閒鞋、North Face戶外運動用品及服裝。一直以來，這些品牌皆是自主經營，而控股公司威富僅需提供財務與後勤支援。但二〇〇八年金融危機爆發，公司經營陷入困境，這讓高階主管重新思考，鬆散的聯盟形式是否仍可行。

比方說，North Face和JanSport這兩個品牌的同質性很高，均鎖定戶外用品，連銷售的商品都雷同，譬如背包。這兩家公司都在加州聖萊安德羅的同一個地點，兩者的辦公室僅以一堵不到天花板的矮牆隔開。不過根據余舜的說法：「那道牆堪稱分隔南北韓的非軍事區。他們彼此不交談，也不分享資訊。明明供應商都一樣，產品相似，卻不願互通創意。」

這些品牌不光是獨立經營，還像孤島一般封閉。它們太過依賴採購一時興起的念頭，這些人在時尚產業負責預測消費趨勢，余舜說：「採購似乎總是認為，消費者根本不知道自己三年後會想要什麼，所以他們就覺得自己可以告訴消費者到底想要的是什麼。」

太過信任採購，讓這些品牌失去了學習能力。這些品牌不再貼近消費者的需求，也不再關注競爭對手，或尋求新的合作關係。基本上，這種創意的停滯，正是道爾和余舜想要試圖扭轉的惡習。他們希望這些品牌能互相學習，還要從外面廣大的世界汲取靈感。

道爾決定放棄這一百二十張簡報投影片時，意味著他和余舜必須從頭再來。他們知道不需讓同事們理解什麼，而是要體悟必須做出改變。而這一切必須在二〇一〇年九月於洛杉磯舉辦的領導大會上發生。

「我們決定要徹底改變那場會議的形式。」道爾說，「傳統領導大會是什麼模樣？嗯，走進會場，你會看到天花板低矮的會議室，圓桌旁都放著同一種款式又難坐的金屬椅子。而每個演講都很枯燥，多半是由公司內部的人負責主講……這就是所謂的領導大會。」

道爾為那場會議設計了一項顛覆腳本的計畫。企業文化要產生變革，過程困難又漫長，想要有成功的機會，就必須先來場震撼教育。

當一百五十位同事抵達位於洛杉磯的會場時，現場沒有桌椅，只有足夠容納一百五十個人的沙發。威富集團的執行長埃里克・魏思曼（Eric Wiseman）起身開場。「每個人都稍微調整好坐姿，準備好要聽半小時冗長的致詞。」道爾說，「但接下來的事出乎意料，魏思曼宣布接下來兩天的會議，大家要走出會場，去戶外發想新點子。」

不到五分鐘，大家就步出會場，搭上巴士，被載往不同的地點。某個小組參加美容醫學工作坊，由在場的專家替每位員工化妝，挑選服裝，之後指導他們如何擺姿勢並拍照。另一組人是和塗鴉藝術家在洛杉磯的內城區，在一棟建築物的牆面進行塗鴉（這是合法的）。其他人則分別去洛杉磯西部的馬里布上衝浪課、上即興喜劇課，或者和名廚沃夫甘・帕克一起下廚。

「大部分組織都希望大家去聽簡報提案時，精神上能受到感召，然後做出改變。」余舜說，「但說真的，大部分的簡報無法讓人有感，這就是我們決定顛倒順序的原因。先讓大家做需要親自參與、身歷其境的事情，這麼做會喚起更多的情緒反應，進而有所感受，然後他們便能思考自己到底學到了什麼。」

在這場為期兩日的領導大會中，道爾和余舜達成了一項重大目標：他們讓大家透過親身體驗來理解公司的新策略。想要創新，就得先從走出辦公室開始，而且這件事完全無害，感覺很棒！它會刺激你，拓展你的視野，重新恢復活力。

這趟會議使眾人對實現創新策略產生熱情，當他們回到辦公室後，也開始落實「走出去」的精神。JanSport是背包廠牌，「我們以前老是把自己想成『攜帶物品』的品牌，是為了想揹東西移動的人們而存在。」總裁史帝夫・孟恩說。但他們逐漸觀察到人們使用背包的方式有許多種，從通勤族、學生，乃至更「極端」的族群，如登山客或遊民，他們因而發現，人們攜帶包包不光是為了從A地到B地，還會在「第三種」地方，像是在咖啡廳、公車或圖書館打開背包。假如未來的背包可以充當攜帶式書桌，有內建的插座，還有一條延長線，就可以在星巴克的牆面插電使用，那該有多棒？

Wrangler牛仔品牌的團隊則和結構工程師合作，他們聊到了支撐橋梁的懸臂，這是一種只有一端固定的設計結構，許多橋梁和建築都有類似的設計。像是跳水台或陽台看似懸空，實則非常穩固。

懸臂設計可以輕鬆支撐和抬升笨重而龐大的建築物，這讓Wrangler團隊突發奇想：我們也可以優雅地抬升臀部！提臀牛仔褲（Wrangler Booty Up）就此誕生。不久，威富另一個品牌Lucy也採用同樣的設計。這個例子充分展現了互相學習的精神，也是余舜和道爾對各個品牌的期盼。

在洛杉磯召開大會六年後，威富年營收從七十億美元躍升為一百三十億美元，其中大部分的收入是來自於實質的業務成長，而非收購。據道爾估計，目前威富正在開發的創新產品，亦即處於設計、測試階段，打算日後生產上架的商品，潛在市值約十六億美元。這些商品正是由「走出辦公室尋求點子和靈感」的企業文化所孕育出來的。

威富企業文化變革的關鍵時刻，正是當年那場在洛杉磯舉行的領導大會。從沙發、搭車出發，乃至各種創意體驗，整場會議的設計宗旨，都是為了創造令人意想不到的戰略成果。

為什麼年輕時期主導了我們一生的記憶？

對公司高層主管來說，「不按腳本走」是改造旗下品牌的策略，這樣做不僅能創造凸顯公司品牌的關鍵時刻，或像威富集團一樣，是強化創新的方式。但顛覆腳本的原則若是運用在企業領域之外，則有更深遠的意義，它能解釋為何我們會記得某些特定的經歷，並解開記憶研究中一個最有趣的謎團，又叫做「回憶高峰」（reminiscence bump）。

心理學家杜拉琴・伯恩斯坦（Dorthe Berntsen）與大衛・魯賓（David Rubin）曾進行一項研究，讓受訪者想像一個剛出生的嬰兒會有什麼樣的人生，預測「這個孩子一生中可能會遇到哪些大事」。下列是人們最常提到的十大事件，並按被提及的次數多寡順序排列，你能否注意到其中的共同點？

1. 生小孩
2. 婚姻
3. 開始上學
4. 進大學

5. 初戀
6. 有人過世
7. 退休
8. 離家
9. 父母過世
10. 第一份工作

發現了嗎？這十件大事裡，有六件是集中在相對來說甚短的時期內，約莫是十五至三十歲之間。（這是假設大部分人是在這段時間結婚、生子，當然並非人人如此，但對大多數人來說的確是這樣。）

同樣地，研究顯示，若你問年長者記憶深刻的事有哪些，大多也落在十五至三十歲這段區間，心理學家稱這種現象為「回憶高峰」。為什麼人生中短短十五年的時光，以平均壽命來看占比不到百分之二十，卻能主導我們大部分的記憶？

克勞蒂亞・哈蒙（Claudia Hammond）在《扭曲的時間》（*Time Warped*）書中寫道：「回憶高峰的關鍵在於新奇，我們之所以清楚記得青春歲月的事，是因為那段時期有許多的初體驗……第一次發生性關係、第一份工作、第一次不必跟著父母去旅行、頭一回離家生活，有生以來第一次，我們可以自己決定要怎麼過日子。」

新奇甚至會改變了我們對時間的感知。美國貝勒醫學院的凡妮．佩洛亞達思（Vani Pariyadath）與神經學家大衛．伊葛門（David Eagleman）曾進行過一項實驗，他們讓受試者看一連串圖片，大部分都很相似，例如：咖啡色皮鞋、咖啡色皮鞋、咖啡色皮鞋、咖啡色皮鞋、鬧鐘、咖啡色皮鞋、咖啡色皮鞋……等，偶爾穿插一張新圖片。即使所有圖片停留的時間都一樣長，但受試者卻不這麼覺得，大家都覺得那張打破原有模式的鬧鐘圖片，感覺上出現的時間較久。這種錯誤認知源自於所謂的「異類效應」（oddball effect）。

伊葛門表示，會產生異類效應其實是大腦對咖啡色皮鞋的照片失去了興趣。第一次見到圖片時，你會仔細觀察，此時你的記憶正快速地「做筆記」。但隨著出現的次數增多，你的注意力會遞減。到了第七次時，你只消匆匆一瞥就知道又是那雙鞋。這時，你看到了突然出現的鬧鐘，你又開始「做筆記」了。這造成了記憶「密度」的差距，亦即看到鬧鐘時會做大量筆記，對於鞋子則只會匆匆略過，進而導致你產生「鬧鐘圖片出現較久」的錯覺。

換句話說，「新奇」會拉長對時間的感知。伊葛門設計了一種相當極端的研究，來證明這項見解。他請自願者從五十公尺高的平台上，往下跳入安全網。之後再請他們估計方才墜落的時間，結果他們普遍高估了百分之三十六。因為恐懼和專注會讓時間變得更長。（所以，「長壽」的祕訣就是：經常把自己嚇個半死吧！）

這也說明了為何我們常覺得隨著年齡增長，時間似乎過得越來越快。因為我們的生活一成不變，缺乏新鮮刺激，就如同我們看到的，不過是一雙雙重複的咖啡色皮鞋，而鮮少看到出其不意的鬧鐘。

這樣的發現，著實讓人感到沮喪。難不成人生中最值得回味的日子，真的都已經過去了嗎？

答案是：很有可能。不過換個角度想，這也未必是壞事。正因為這樣，所以我們能不費吹灰之力，就在人生的下半場創造第二次回憶高峰。只要離婚，辭職，或者搬去紐西蘭牧羊就行了。新奇事物多的是，你一定能夠寫下一堆回憶。但「記憶深刻」和「人生智慧」可不能混為一談。

如果你對「未來比不上過去那麼值得回味」這件事感到焦慮，我們的建議是：珍惜老話「生命需要變化來調味」這句箴言的智慧。請注意，這並不是說：「變化是生命的主菜。」沒人光靠胡椒和奧勒岡葉就能吃飽。一點點的新鮮感，就足以改變你的人生體驗。

學會覺察你自己的生活腳本，你可以偶爾改寫、反轉或重新編排，但不需要天天這麼做，只要適時為生活注入一些「鬧鐘」，就能讓那雙咖啡色皮鞋繼續維持新鮮感。

我們可以透過改變腳本，創造更豐富的記憶。正如《驚奇的力量》一書的作者所說：「我們在面對確定的事物時最安心；但身處未知中，卻最有活力。」

提升時刻

一、提升時刻是超越日常的體驗，因而讓人倍感投入、開心、驚奇，或充滿活力。

【實例】生日派對、婚禮、足球賽、公開演說，或即興地開車去旅行。

二、某些活動本身就有巔峰，例如比賽、音樂會或慶典；但除此之外，生活中的其他領域則乏味到讓人想抓狂。

【實例】某位高中校長說：「我們把學校經營得像是永無止境的練習，卻永遠沒有機會比賽。」

三、要創造更多提升時刻，我們有三點訣竅：(1)增加感官吸引力、(2)增加刺激、(3)不按照腳本走。提升時刻通常包含兩種以上的要素。

【實例】人性審判同時具備三種特質：(1)感官吸引力：穿上那個年代的服裝，在真正的法庭裡辯論；(2)增加刺激：某一方勝出，享有榮耀；(3)不按照腳本走：活動在各方面都不同於學校的日常節奏。

四、第三點訣竅「不按照腳本走」尤其值得注意。改變劇本意味著違反人們對某種經驗的預期或期望，是採用策略製造驚奇。

【實例】麗思卡爾頓飯店的員工不按照腳本走，特意為小男孩遺失的「喬西」玩偶做了一本有趣的相冊，打破服務的常規模式。

五、對組織轉型來說，不按腳本演出極為重要，因為這能替「陳規」和「新法」劃下明顯的分界線。

【實例】威富集團只開了幾分鐘的領導大會，就要大家「走出去」，參加衝浪課或表演即興喜劇。

六、當我們拋下腳本，才能迎來生命中最難忘的時光。

【實例1】回想一下「回憶高峰」，充滿新鮮事的時期，包括初吻、第一份工作等。

【實例2】新鮮感能讓人感覺時間變慢。這就是為什麼我們年紀越長，越覺得時光飛逝。

七、提醒你一點，就算握有三點訣竅，也不容易打造巔峰時刻，因為它們並非屬於任何人的明確職責，所以往往很容易一拖再拖或敷衍了事。

【實例】要當心「合乎常理」的力量會讓人意志消沉（在製冰機旁放一台讓房客可以自取冰棒的冷凍櫃不就好了）。

八、創造巔峰再辛苦都值得，巔峰時刻會成為我們最難忘的記憶。

【實例】尤金．歐凱利臨終前在「完美時刻」感受到深刻的滿足。

〔案例2〕

如何讓例行公事的會議重現活力？

溫馨提示

本則和接下來的三則案例都是用來示範，該如何利用本書的四大核心架構（提升、洞察、榮耀與連結）來打造關鍵時刻。這些案例並不限於你讀完的這幾章，而是貫穿各個章節，幫助你能整體思考這套理論框架。

狀況

馬修・弗雷牧師在美國德州伊格爾帕斯鎮的聖公會救主堂擔任牧師，該鎮距墨西哥邊境僅約一・六公里。他每個月都要與教區代表，即教會的長老們開會。非營利組織或宗教團體經常有這種會議，如弗雷所言：「我們會檢視上一次討論的議題，接著處理新議題，再來是聽財務報告，最後再討論還缺多少錢。我們陷入了固定的模式。」

核心問題

弗雷希望為會議注入新活力。他要怎麼做才能讓會議變得活潑有趣，有源源不絕的新點子，別讓人覺得會議僅是為了履行行政義務？他期望教會長老能想出幾個方式，好讓第一次來教會的人覺得更愉快。

如何創造關鍵時刻？

1. 就這個案例而言，其實很簡單：弗雷應該要在某次既定的會議上，做點特別的事。
2. 當然，弗雷也該注意長老們的生活中是否有轉折點，譬如有新長老加入或有人卸任。
3. 在本案例中，我們將會把注意力放在這個會議上。請注意，以下會提到稍後才會詳細解釋的方法。某些專有名詞或許有些陌生，但你應該可以掌握大意。

一、加入「提升」元素：

◆ **不按腳本走：**弗雷真的這麼做。當這群長老來開會時，他就給每個人筆和便條紙，把他們兩、三人分成一組，並給予挑戰任務：想像這是你第一次來到這間教會，請在周圍閒逛十五至二十分鐘，看自己注意到什麼。這群長老回來後，各自分享觀察到的事物：

(1)我們的教堂有雙語服務，但所有的告示牌都只寫英文！

(2)教堂正在舉行一場匿名戒酒會，真沒想到有那麼多人參加。我們還有其他方式向大眾開放場地以供使用？又該如何讓人知道，我們很歡迎他們來參加禮拜？

(3)我都忘了這間教堂這麼美！

◆**增加刺激：**弗雷可以更進一步。如果他請這群長老依照各自的觀察，對教會提出改善訪客經驗的建言，那會如何呢？這可能會給教會增加一些壓力與責任感。

◆**增加感官吸引力：**要長老們在教會周圍附近走走，已經為體驗添加了遊戲的意味。如果弗雷再加入「角色扮演」的任務呢？譬如：「你是二十八歲、有兩個小孩的西班牙裔單親媽媽，才剛搬來這兒。你很煩惱要選哪間學校，而有個朋友向你介紹了這間教會所開立的學校，於是你來看看是否適合小孩就讀。」這樣一來，或許能幫助長老用不一樣的視角看待這間教會。

二、加入「洞察」元素：

◆**瞬間發現真相：**弗雷設計的活動讓這群長老主動提出獨特觀點（如：在告示牌上增加西班牙文、邀請其他社區團體來使用教會的空間和設施）。假如這些想法從教會的「意見箱」取出，大家可能不太容易接受，或是興致缺缺。

◆**離開舒適圈，獲得洞察力：**弗雷日後可以安排長老到其他的教會或社區會議，體驗在團體中初來乍到是什麼感覺。有哪些團體能讓你很快融入，我們又能從中學到什麼？

三、加入「榮耀」元素：

◆**建立里程碑：**在會議中可以慶祝某些成就達成的時刻。比方慶祝有人在參加完教會舉辦的社區活動後，首次成為加入教會的新成員。

◆**表彰其他人的作為：**特別表揚那些熱情接待訪客的教友。

四、加入「連結」元素：

◆**角色扮演：**如前所述，角色扮演能讓長老和來自相同背景的教友間，建立有同理心的連結。

◆**創造共享的意義：**弗雷可以在會議中，請長老們分享，教會在招待訪客時，做得最好或最差的案例。像這樣的分享，能夠喚醒大家的初心和使命感。

總結

弗雷說，在「教會附近散步」的練習相當有效：「大家至今仍在談論當天見到的事物。」如果你的組織也有例行會議，那正是營造關鍵時刻的好機會，為與會者開拓新視野，重新注入活力。並非每場會議都要變成「關鍵時刻」，但至少應每隔五到十次，就要想辦法改變一下腳本。

Part 1
提升時刻

Part 2
洞察時刻

Part 3
榮耀時刻

Part 4
連結時刻

引言

假如一個人生命中的關鍵時刻並未充滿欣喜，反而是很可怕的經驗，該怎麼辦？有位男性被問及職涯中是否有過關鍵時刻時，他回答：「在第一份工作中，我是考績墊底的人，所有同儕都加薪，就只有我沒有。這表示我和同期人員相比，薪水要更低。這是我人生中第一次經歷失敗，這也提醒了我，以前在學校精通的那些技能，在職場上根本毫無用處。」

這顯然完全不是巔峰時刻！他一點也不覺得開心、投入，或有「超乎日常」的感受。他對負面打擊感到措手不及。但只要不把這件事當作情緒的谷底，就能邁向更好的未來，並告訴自己：我必須做些改變，好讓這種事不會再發生。

產生洞察力的時刻會使我們有所領悟，進而改頭換面。有些領悟雖然微小卻意義深遠。你在最喜愛的咖啡廳裡，試喝來自南美洲和非洲的咖啡，發現兩者風味竟如此不同，這個發現就為你的消費經驗多增加了一份體會。又或是你在婚禮彩排的晚宴上，講了一個關於新郎的故事，讓大家發現對方不為人知、有趣的一面，此事也會為社交體驗值增添新的認知。

接下來我們會探討幾個令人震撼的重大洞察時刻，有時候是傷心難受的情緒，例如：「我真的不擅長做這件事」；或是：「我對我在做的事已經完全失去信心」。但也有些洞察時刻會帶來正面情緒，像是：「這就是我要共度餘生的人！」或者，你靈機一動，有了創新的發現。

許多洞察時刻似乎是偶發的，猶如一道閃電突然劃過天際，毫無緣由，也難以解釋。你無法為「頓悟」排定時間表。

但這不表示我們完全無法掌握洞察時刻。我們將探究兩種創造出洞察時刻的策略，能促使人「瞬間發現真相」（第五章），而當我們需要更進一步認識自己時，也可以「離開舒適圈，獲得洞察力」（第六章）。

接下來幾章，會講述充滿情緒張力的故事，包括厭惡、頓悟、心碎，以及欣喜若狂。我們先從一個令人震驚又難忘的故事說起。

第五章

真相就在眼前，我們卻視而不見

孟加拉村民的集體盲點

二〇〇七年，《英國醫學期刊》（*British Medical Journal*）請讀者票選，自一八四〇年該雜誌創刊以來，最重要的醫學事件。第三名是麻醉技術，第二名是抗生素，但第一名大概會出乎你的意料之外，是「衛生革命」，包括污水處理和淨水製造法。

截至二〇一六年為止，全球仍有約十億人無從取得乾淨水源，同時也有十億人（可能是同一批人）因為家中沒有廁所，得在戶外排便，而且那個地點常是眾人共用的公共空間。隨地便溺會招致可怕的後果，如同一八四〇年發生的慘劇，疾病到處肆虐，例如霍亂、鉤蟲、蛔蟲、血吸蟲病，許多人飽受折磨，甚至不幸身亡。

那麼，要如何終止隨地便溺的積習呢？答案看似很簡單：蓋公共廁所。這也是許多發展組織近年來採取的策略。一九九九年，水支援組織（WaterAid）資助孟加拉北部的一些村莊建造公廁，便是典型的例子。為了確保這項計畫能夠成功，他們請來卡莫・卡爾博士（Kamal Kar），前往當地評估這項工程。我們的故事就從這裡說起。

先提醒讀者，下面要說的故事充滿了令人作嘔的畫面，也會不斷提到「屎」[7]這個字。我們這麼做是有理由的，由於它正是這則故事的核心。如果你會覺得不舒服，我們建議你直接跳到下一節。

卡爾博士到了孟加拉，發現公廁建造一切如預期進行中，蓋得不錯，許多村民也都在使用。但他也發現另一件事：「我走到村莊後面，進入田埂。不論到哪座村子，我都會踩到屎。」可見隨地便溺的情況依舊普遍，而且他知道，一旦雨季來臨，這些排泄物就會流遍整個村子。換句話說，只有一部分人或甚至半數村民用公廁還不夠，要解決村莊的公共衛生問題，必須讓使用公廁變成生活常規。

對卡爾來說，那是讓他大開眼界的時刻。世界各地的發展組織長期以來認定隨地排泄是硬體的問題，只要蓋足夠的公廁，問題就能解決。但事情沒這麼簡單，有些村民覺得公廁就像是幫他們解決一個他們根本不覺得存在的問題。有時公廁還會被拆掉，零件被拿去做其他用途。這項計畫也在非洲馬拉威執行，當地卻沒人要用豪華的公廁。一位名叫烏瑪盧・奇盧基的建築工人說：「要是你問他們，怎麼不用公廁啊？他們會回答你：『你覺得我應該在那個地方拉屎嗎？那裡比我家還棒耶！』」

卡爾意識到，隨地便溺並不是硬體的問題，而是行為問題。除非當地人想要改變，否則蓋再多的公廁都毫無意義。

他基於這項體悟出發，發展出一套方法，名為「社區主導的全面衛生」（Community-Led Total Sanitation, CLTS），迄今已有六十多個國家採用。別被看似乏味的縮寫詞蒙蔽了，過程其實相當震撼人心，以下就簡單說明這種干預手法的實行過程：

一位CLTS的顧問來到村子，向大家自我介紹：「我正在研究不同村莊的衛生狀況，能不能讓我到處看看，也請教一些問題呢？」等他考察得夠久，也吸引到一小群人的注意後，他便帶著這群人從村子這一頭走到另一頭，「橫渡」整個村莊。

「大家平常都在哪裡拉屎呢？」他問道。村民害羞地帶他走到解便的公共區域後，覺得很丟臉，只想趕快離開，但顧問不急著走，指著地上問道：「那是誰的屎？」他問眾人：「有人今天在這裡大便嗎？」幾個人舉手。

這裡簡直臭不可聞，大家紛紛掀起衣服掩住鼻子。這名顧問繼續問一些噁心的問題：「為什麼這塊屎是黃的，那塊是咖啡色？」

他要大家注意在糞堆上飛來飛去的蒼蠅，問：「這裡常有蒼蠅嗎？」大家都點頭表示同意。他看到一隻雞在啄食糞便，便問道：「你們會吃這種雞嗎？」眾人不情願地點頭。顧問都接受過專業訓練，他們會刻意問一些不帶立場的中性問題，而不提任何建言或意見。

他們一行人在一處寬闊的公共場所停了下來。越來越多的村民駐足圍觀，好奇發生了什麼事。顧問要大家在地上大略畫出村子的地圖，村民很快就畫好簡圖，還標出學校、教堂、溪流等重要地標。接著，顧問要他們用石頭或樹葉標示各家的位置。

當地圖被標滿後，他拿出一包黃色粉末，要他們撒在大家會去大便的地方。他說：「哪裡的屎比較多，就灑更多粉。」眾人尷尬地笑了。孩子們把粉末撒在眾人常去排便之處，玩得不亦樂乎。

顧問又問道：「如果事態緊急，比方說遇到暴風雨，或突然想拉肚子，你們會去哪裡拉屎？」更多笑聲響起，這時一堆粉末被灑在自家的附近——遇到緊急狀況，人們根本沒辦法到公共區域。

這時候，很明顯地，整個村莊全被黃色粉末覆蓋了。

現場引起一陣騷動，有焦急、噁心、憤怒，也有難為情。他們不明白顧問到底有何用意。

顧問請人給他一杯水，然後他問一位婦女敢不敢喝下這杯水，她說敢。他問其他人，眾人也都說可以。

接著，他從頭上拔下一根頭髮，問：「你們看得到我手上拿什麼嗎？是一根頭髮。你們能夠看清楚嗎？」大家說看不清楚。他走到一坨糞便前面，把頭髮浸入其中，再把那根髒頭髮放入水杯，搖晃了幾下。

他將杯子遞給一個村民，要他喝一口，這人拒絕了。杯子繼續傳遞下去，但沒人肯喝。「你們為什麼不喝？」因為裡面有屎呀！

顧問露出不解的神色。他問：「一隻蒼蠅有幾隻腿？」六隻。「對，而且腿上都呈鋸齒狀。你們覺得跟我的頭髮相比，蒼蠅會比我的頭髮沾到更多還是更少的屎？」大家回說更多。

「你們看過蒼蠅碰到你們的食物嗎？」看過。「那你們有丟掉食物嗎？」沒有。「那你們到底吃了什麼？」

現場氣氛異常緊繃，這便是卡爾所說的「一觸即發的時刻」。真相終究難以逃避——他們經年累月一直在吃彼此的糞便。

通常到了這時候，討論會失控，大家會激動地互相質疑：「我們不能再這樣下去！太瘋狂了！我們該如何改變？」

他們多半會問顧問該怎麼做，但他拒絕給予建議，而是說：「你們比我更了解自己的村子，你們可自由選擇任何想要的方式，包括繼續露天排便。」但此時村民已經受夠了，他們無法再容忍現狀。

身為ＣＬＴＳ創始者的卡爾深知，這會對情緒造成極大的衝擊，「噁心是第一個觸發點，」他說，「再來則是羞恥感，『我們到底在做什麼？我們還算是人嗎？竟然吃彼此的屎！』」

ＣＬＴＳ的做法很殘酷，但也很有效。如今世界各地已有數千個社區宣布「無隨地排泄」（Open Defecation Free，簡稱ＯＤＦ），而在孟加拉，ＣＬＴＳ成為國內公共衛生工作的核心，隨地排泄的比例從百分之三十四大幅降至百分之一。

奇怪的是，ＣＬＴＳ並未提供任何新知。以上面的例子來說，村民每天都在戶外便溺，也看到鄰居都這麼做。他們聞著屎味，踩過糞便，也看見蒼蠅和雞隻。為什麼得靠ＣＬＴＳ才能明瞭就在他們眼前發生的事實？

卡爾說，村民常告訴他：「這是大家不想討論的真相，我們總是假裝沒這回事，但是當這件事被搬上檯面，攤在陽光下……再也無法迴避時，真相便赤裸裸地出現了。」

直到那一瞬間，他們才被迫真正「看見」了事實。

如何讓人自己發現問題

突如其來的真相帶來情緒上的衝擊，是當你忽然領悟到某件事，猝不及防，而你深知那才是正確的。你被真相「絆倒」了。這種關鍵時刻改變了你看待世界的方式。

心理學家羅伊．鮑邁斯特研究過下列幾種頓悟時刻：加入某個邪教組織後來又退出的人；成功戒酒的酗酒者；曾欣然接受共產主義，之後卻又反對它的知識分子。鮑邁斯特說，上述情況泰半具有「不滿的結晶化」現象，其共同特徵就在於那戲劇性的一刻，原本零星的不滿抱怨被連接起來，形成一幅全貌。

想像一下，某個丈夫脾氣一向火爆，而妻子突然明白他每回大發雷霆，原來並不是「那一天過得不順心」，而是根深柢固的性格特質，而她再也無法繼續忍受這種性格了，這便是不滿的結晶化。

很多退出邪教的成員都會記得某個時刻，他們的幻想破滅了，他們無法再對教派領袖抱持敬仰之情。鮑邁斯特說，這些人的故事充分顯示，「他們其實早就懷疑真相，只是一直壓抑內心質疑的聲音，直到某個關鍵事件，才促使他們不得不正視這個顯而易見的事實。」

鮑邁斯特提出的結晶化時刻是純屬偶然的，無法預測何時（或是否）會發生。要注意的是，CLTS啟發的醒悟與結晶化時刻，兩者本質上有許多相似之處。因為顧問的提問，村民才被迫「看見」眼前的現實。這不是「啊哈，我明白了！」的頓悟，而是一場精心設計的結果。

那麼，我們要如何在組織的日常運作中，巧妙設計出強而有力的洞察時刻？史考特・戈斯理解決微軟某個狀況的手法，值得我們深思。

二〇一一年，當時的執行長史蒂夫・鮑爾默（Steve Ballmer）被指派帶領公司快速成長的雲端運算服務Azure。戈斯理拜訪許多Azure的用戶，想了解他們的使用經驗，而客戶的回應非常一致：Azure的技術不錯，但是很難用。戈斯理知道，除非Azure更努力貼近使用者的需求，否則絕不可能達到預期的成長目標。但他要如何才能讓同事明白事關重大呢？

他召集麾下的資深經理和軟體工程師，到公司以外的地點開會，並給予他們一項挑戰任務：像Azure一般用戶會做的那樣，用該作業系統設計一款手機應用程式。照理這並不算是困難的事，但團隊卻一再卡關。有些高階主管不會用特定的某些功能，有些人甚至連註冊都搞不定。戈斯理對《財星》雜誌的安德魯・努斯卡說：「整個過程就是一團糟。」這群團隊成員認清了問題的嚴重性，決心解決他們面臨的問題。在第二天會議結束之前，他們便已想出重新打造Azure的計畫。

微軟和卡爾博士的故事都頗具衝擊力，也有好幾個共通點。首先，領導者知道自己想分享的真相是什麼。戈斯理知道：「用戶覺得我們的產品不好用。」而卡爾明白：「這群村民正在讓自己生病。」其次，領悟來得很快，只消數分鐘或幾小時，不需要花上幾星期或數月之久，與現實產生的碰撞僅在須臾間。

最後，也是最重要的一點，就是由當事人自行察覺真相，正是因為自己發現，才能使行動的動機如此強烈。戈斯理並未將他與用戶見面後的體悟直接告訴同事，而是創造情境，讓員工也感受到他發現的問題，於是這變成了員工自身的認知，如此才讓他們產生積極的行動力。同樣地，CLTS顧問明白衛生問題的嚴重性，但未直接說出內心的憂慮，而是讓村民自行發覺不堪的真相。這種「啊哈，我明白了」的頓悟，必須由當事人自己發現，才會真正改變他們的行為。

這個妙招由三部分組成，分別是：一、清晰的觀點，二、極為短暫的時間，三、由觀眾或當事人自行發現。這三種元素為我們提供了一份藍圖——如果想讓人們在面對難堪的真相時，就可以這麼做。如果CLTS顧問只是對村民說教或提出一堆衛生數據，其實很容易，但效果遠不及讓村民自行思考透徹，形成一己之見，如此，改變才會真正到來。

看清真相，從問題開始

當一個人的腳踩到了某樣東西，便會因踉蹌而絆倒（to trip）。被真相「絆倒」（to trip over the truth），則是指一個人的大腦被卡在某處，開始掙扎與思索。那麼，到底你的大腦被什麼「東西」卡住？

假設你有個不錯的點子，想讓別人接受，你會怎麼做？你可能會試著說服眾人：「我想過各種不同的點子，就屬這個最好，因為它有大量的證據支持，而且其他有類似想法的人都賺到大錢。喔！我有說過它執行起來超簡單嗎？」換句話說，你的重點放在這項解決方案的優點。

但你會發現，本章講述的幾則故事，沒人談到解決方案。卡爾博士並未竭力鼓吹公廁的優點，戈斯理亦未針對Azure提出新功能的建議。他們做的反而是強調問題的嚴重性：會吃到糞便、套裝軟體超級難用。一旦這些問題在當事人心中清楚浮現，他們便會立刻自發性地思考解決方案。

你必須先理解問題的本質，才能夠想出解方。所以當我們說「被真相絆倒」，指的是對問題或傷害的覺醒，它會讓人在剎那間引爆頓悟。

若想奉行這項原則，我們必須採取新的說服方式。來看一個例子。

維吉尼亞大學化學系的副教授麥可・帕摩（Michael Palmer），同時也是該校教育資源中心的副主任。二〇〇九年，他展開為期一週的「課程設計訓練班」（Course Design Institute, CDI）計畫。他成立ＣＤＩ，是為了幫助教授設計課程內容。星期一早上，每位教授會帶著自己草擬的課程大綱，到了週五下午，他們就已經對大綱進行大刀闊斧地修改，並研擬更棒的教學策略。

帕摩說：「高等教育有個不可告人的祕密，那就是教授們沒有受過專業的教學訓練，不知道該如何教書。」這群教授上了一週的ＣＤＩ課程，就能掌握教書的技巧，像是如何激勵學生、如何因材施教，以及如何確保每個學生都牢記最重要的觀念。

其中一個關鍵概念，是運用「反相整合設計」（backward-integrated design）的方法。首先，要明確掌握教學目標；其次，釐清該怎麼評估學生是否已達成目標；第三，設計能幫助學生順利通過評估的教學活動。

這聽起來很簡單，但實際情況並非如此。教授碰到的狀況通常像這樣：你被分配到一門課程，而且多半是學期快開始時才接獲通知。假設這門課叫做「初級化學導論」，你稍微翻了翻課本，心頭一驚：要怎麼在一個學期內教完這些東西？太多了嘛！

而且要納入考慮的變數也很多，所以你只能倉促做出決定，據以行動：先選定一本教科書，這樣你至少可以根據書上的目錄與章節，制訂授課的藍圖，這麼一想就稍覺安心。然後再開始計畫各章節的進度，分成十四週，直到學期結束。接下來，再細分每星期上課的講題。最後，再根據課堂上的內容，設計考試的內容。

這聽起來是完全合乎邏輯的規劃，但這個規劃和「反相整合設計」完全風馬牛不相及。你不是從目標出發往後規劃，而是完全沒有設定目標，只不過把一大堆內容分成一塊塊的課程而已。

現在，試著從帕摩的視角設想。他知道教授們的做法出了問題，而他也有解決方案，即「反相整合設計」。但若他只是一味推銷這種方案，看起來會像是推銷員，但我們對於推銷話術的反應會是如何？會懷疑、挑剔、抗拒。

如果帕摩想真正說服教授，就必須先讓他們自行發現真相。要達到這個目的，就必須先關注問題本身，而非解決之道。

在ＣＤＩ課程首日的下午，帕摩介紹一項名為「夢想練習」的活動，靈感是來自Ｌ・迪・芬克所著的《創造重要的學習經驗》（*Creating Significant Learning Experiences*）一書。

他問在場二十五至三十位教授一個問題：「想像你有一群最符合你理想中的學生，他們積極主動、循規蹈矩，而且有絕佳的記憶力……請你填寫下列句子：「三至五年以後，我希望我的學生還記得＿＿＿＿，或是他們仍會做＿＿＿＿，抑或是他們仍認為＿＿＿＿有價值。」

教授們先進行十分鐘的腦力激盪，然後說出答案。在二〇一五年七月的CDI課堂上，一位教動物行為的教授說：「我希望他們還記得科學的思考過程。要是他們看見某種動物做有趣的行為，能判斷該用哪種科學方法來進行研究。」

一位健康學教授說：「我希望他們懂得和同僚通力合作，保持密切的關係。我希望他們在審核新研究時能充滿自信，也能在我們的『期刊讀書會』上暢所欲言。」

一位數學教授說：「我希望他們認為數學相當有趣，而不只是覺得實用。當他們在網路上看到跟數學有關的新聞時，會想點開連結，閱讀那篇報導。」

帕摩把這些答案寫在白板上，大家馬上看出這些答案的共通點：幾乎沒有人提到教學內容。以數學老師為例，他沒說希望學生能記住「連鎖律」(Chain Rule)，只希望學生繼續保持對數學的興趣。

這時，帕摩引導他們釐清真相。「你們剛才寫下了對學生的期待，現在請拿出自己的課程大綱。」他問道：「你們的課程大綱，有多少內容是能幫助學生達成你們所說的目標？」

現場瀰漫著靜默的尷尬。生物醫學工程教授喬治・克萊思特，在回想起當時笑著說道：「你看著手上的課程大綱，卻發現答案是『完全沒有』。」幾乎所有教授都發現同樣的事實。那真是當頭棒喝的一刻。

環境科學教授的黛博拉・勞倫斯則說：「我很快明白，那份課程大綱對我根本毫無用處，它完全無法達成我想要的教學目標。」

帕摩的「夢想練習」是精心設計的頓悟時刻，這讓教授們被真相「絆倒」在地，而這個真相，就擺在他們眼前。

在CDI結業前後的課程大綱，往往有驚人的差異。（你可以在Heath Brothers的官方網站上看到完整範例。）其中一份物理學課程大綱，原本只是條列式的主題與子題，後來卻變成鼓舞人心的論述。以下節錄開頭幾段的內容：

「橋梁和建築物為什麼能穩固矗立？又為何會倒塌？位處地震帶或颶風盛行地區的建築應該怎麼建造？是什麼樣的力量導致房屋倒塌？『力』又是什麼？

當我們懂得如何去觀察，物理便能解釋我們眼前所有的事物。飛機的飛行觀乎壓力和阻力；車禍可以讓人思考動能問題；彩虹的美景來自於折射與色散現象；地震說明了何謂剪力和彈性；建造橋梁得考量熱脹冷縮；音樂廳則是反射與干擾交互作用的結果。

這門課將給予你理解這些問題的工具。訓練自己像物理學家那樣思考，你將看見世界是各種力學原理與運作的相互作用。物理學的基本原理，等著你學習與掌握。」

從二〇〇八年至二〇一五年，共有兩百九十五名教師上過ＣＤＩ課程。他們整體的滿意度為四・七六分（滿分是五分）。毫無例外地，他們都表示會推薦這門課給同事。二〇一一年有位老師說：「簡而言之，這是『改變人生』的一堂課。這麼說或許有點誇張，但確實千真萬確。在來上課之前，我自認已經掌握了課程設計，但很快就發現自己需要全部重來，而且結果的確比原本好太多了。」

請記住，大學教授通常很難被激起強烈的情緒反應，ＣＤＩ給了他們足夠的動機和明確的方向，一舉幫助他們並讓課綱改頭換面，有了驚人的進步。

我們有時難免在人生道路上迷途，直到在被真相「絆倒」時，才會猛然醒悟。

第六章
自我覺察三步驟：頓悟、接受、成長

有時，「放棄」比「堅持」更勇敢

麗・查德薇爾（Lea Chadwell）從事烘焙才一年，便開始幻想自己創業開一家店。

她白天在動物醫院工作，先前她曾帶自家的狗狗來這裡就診，去過幾次之後，她覺得：「我想在這裡工作。」因此，她主動開口懇請對方讓她在此上班，四個月後，剛好有個獸醫技術助理的職缺，於是她如願進了這家醫院。

九年之後，她覺得再待下去，繼續加薪或升遷的機會不大，也覺得這份工作比較適合年輕人，她想：「難不成我到了六十五歲，還得跟黃金獵犬比拚力氣嗎？」

她每個週末都會待在廚房烤瑞典餅乾，或者做瑞典香草餅乾、加了使用異國香料的糕點和各種風味的布里歐麵包。親朋好友開始勸她：「妳應該開間自己的麵包店！」（希望日後能拿到免費試吃品的人，通常都會給這樣的建議。）

二〇〇六年，她的丈夫山姆在收聽廣播節目時，得知某間公司能讓人在創業前，先行「體驗」一番，猶如購車可以先試駕一樣，只要繳一筆費用，「職業假期公司」（Vocation Vacations）就會替你安排幾天實習，看看業內人士是怎麼做的。可以體驗的工作，包括牧牛、經營民宿、酒莊，喔！還有烘焙坊。

查德薇爾馬上報名，飛到奧勒岡州的波特蘭，和一家麵包店與巧克力店的老闆一起工作，就好像花錢「租借」導師一樣。她非常喜歡那段經歷，回家後便決定開間烘焙坊。

她晚上去上課精進技藝，最後取得當地烹飪學校的證書。二〇一〇年，萬事俱備，名為「一磅奶油」的烘焙坊正式開幕。她白天仍在動物醫院上班，利用晚上和週末的時間，為生日和婚禮作客製化蛋糕，也為當地的餐廳提供甜點。她的計畫是，將來要開一間有實體店面的烘焙坊。「我經常幻想這間烘焙坊的模樣，我想那是我下半輩子的志業。」她說。

蛋糕雕刻是她的強項，畢竟她大學時曾主修雕刻。她運用巧思，為小朋友設計了湯瑪士小火車和迪士尼公主系列的生日蛋糕，每一款都精緻絕倫。

不過，這股熱情後來便逐漸消退。為家人做蛋糕是挺好玩的，但是面對顧客的諸多要求卻令人倍感壓力。她白天要照顧生病的動物，晚上還得應付緊張兮兮的新娘。她覺得自己陷入了永無止境的惡性循環中。「我需要接更多訂單，才能負擔烘焙坊的開銷，但我又沒有時間做蛋糕，而且光靠烘焙坊我無法維生。」

某個週末，她為了一筆訂單加緊趕工，最後奶油結婚蛋糕終於大功告成。她把蛋糕放進車內，正打算開走時，突然想到沒人顧店的烘焙坊，前門是敞開的，而她竟然完全沒留意到。

那一刻猶如晴天霹靂，她發現壓力大到快把自己逼瘋了。她突然明白：「我已經不再熱愛烘焙了，」她後來這麼說，「那就好像脖子上掛著沉甸甸的奶油，令人難以負荷。」

她就要四十二歲了，只想要有一份工作，而非蠟燭兩頭燒。剎那間，她看清了真相：「如果我決定專心做烘焙坊，就得申請貸款，租店面，可是如果失敗，我就再也回不去了，我後半輩子的經濟就垮了……我對這件事情的熱情，不足以讓我冒這樣的險。」

「一磅奶油」只做了一年半左右就收起來，她的烘焙夢就此結束。

之後好幾年，她都沒有再做蛋糕。

❁ ❁ ❁

這不是我們期待的結局。人們總是希望能看到有理想、有抱負的企業家成功，美夢終於成真。

麗・查德薇爾失敗了嗎？從某種程度來說，沒錯，但事情沒那麼簡單。查德薇爾並不後悔創業，也不後悔關店。她從這段寶貴的經驗中獲得了洞察力。她接受自己不適合當老闆的那些特質，對開店的失敗也慢慢釋懷。「我缺乏條理、不切實際，而且做事三分鐘熱度……這些特質雖然讓我成為大家的開心果，但對創業來說簡直是災難。我在想，要是我沒喊卡，最終也會失敗，光是承認這一點就讓人覺得很嘔。但我獲得了慘痛卻寶貴的教訓。我適合為別人工作，大家也都很依賴我；但是自己當老闆，我還真不是那塊料。」

心理學者稱此為「自我洞察力」（self-insight），亦即充分了解自身的能力和動機。而這種能力也與許多正面的情緒息息相關，包括良好的關係、充實的人生意義。自我洞察力和心理健康是並存的。

查德薇爾的自我洞察力產生於「不滿的結晶化」那一刻——烘焙坊的門還開著，但她卻已經準備開車離去。那一剎那，她所經歷的焦躁和挫折感，匯聚成一個明確的結論：我無法勝任這個工作，這不是我。

這是查德薇爾歷經的一刻。

來看另一個故事，是某個大學時期就決定赴羅馬留學的女子所經歷的。

「我是個來自小鎮的女孩，無論是搭乘公車這種大眾交通運輸工具，還是在語言不通的環境裡工作，對我來說都是艱鉅的任務。」她說，「我記得剛到羅馬時，整個環境讓我完全招架不住……」

四個星期後，她卻做到了能讓一名商店員工相信她是義大利人。（遺憾的是，她想不出義大利文的「髮圈」怎麼說，露出了馬腳。）這次體驗徹底改變了她。「我回來時已經變了個人，我變得有自信，更勇於嘗試冒險……也不再害怕旅行，或住在異地了。」她目前住在倫敦。

她人生中的關鍵時刻，就是讓店員相信她是當地人。這恰與查德薇爾的經驗相反，她領悟到的是：「我做得到，我可以成為這樣的人。」

這兩名女子都透過自我突破的方式，獲得了洞察時刻。自我突破，就是把自己放在有失敗風險的情境裡。

比較有違大家直覺的是，自我洞察鮮少透過「思考」而來。研究顯示，靠著不斷反省或反芻自己的想法與感受，通常很難真正了解自己。還不如觀察自身的行為，反而會更有收穫。

「我能成為優秀的烘焙坊老闆嗎？」「我在義大利能搞定一切嗎？」這些問題很重要，但都無法只靠思考就得出答案。最好冒一下險，嘗試沒做過的事，從經驗當中獲知答案，而不是光說不練。行動會帶來洞察力，但思考卻不見得能引發行動。

知道自己是誰、想要什麼、擅長做什麼，為什麼我們會有某種反應、我們的盲點是什麼、為什麼我們總被某一類型的人吸引，這些是一輩子的課題。但老實說，許多人早在真正了解自己之前，就已經成家立業了。

自我了解需要慢慢來，想加速這個過程只有少數幾種方法，其中一種就是主動自我挑戰，從中激發更多人生的覺醒時刻。

生命中的貴人

一九八四年春天，麥可・德寧（Michael Dinneen）在聖地牙哥海軍醫學中心的精神科病房最後一次輪值夜班。一九八二年他就從醫學院畢業，如今是他住院醫師訓練的第二年，受完訓後，他便是合格的精神科醫師。

精神科病房裡多是罹患重度精神疾病的患者，包括思覺失調、躁鬱症、憂鬱症，由於許多人先前曾試圖傷害自己或他人，因此他們大多被鎖在房內。那晚德寧巡房時，遇到一個病人，他的精神狀況穩定，可在院內自由行動，並預定在隔天出院。

他攔下德寧，說：「我有事想問你。」

德寧說：「我還有事要處理，我十五分鐘後回來好嗎？」病人點頭，於是德寧繼續巡房。

十分鐘後，醫院廣播響起藍色代碼（Code Blue）警報——這表示有病人需要緊急搶救。通常這類廣播會指出具體的樓層與病房，但是這次卻指向醫院外的庭院。德寧立刻衝出去。

剛才和他說過話的病人倒臥在地面上，這個男人從三樓陽台跳下來。德寧和其他醫院人員趕到他身旁試圖急救，但發現他沒反應，於是匆匆將他送去急診室，但仍回天乏術。

德寧心情沉重地走回精神科辦公室。他既震驚又充滿罪惡感。他心想：「我真是沒用，我早該察覺他需要我。」

他打電話給負責住院醫師訓練的主任理察・瑞納（Richard Ridenour），報告方才發生的事，還花了些時間安慰精神科病房的同事。身心俱疲的他打算回家，因為他覺得不堪負荷，無法完成值班。

此時，瑞納已經來到醫院。他要德寧再敘述一遍事情的始末。德寧後來表示：「當時我一心以為他要我報告此事，是為了做出懲戒處分。」病人在醫院自殺本就少見，而且還是在顯然應該相對安全的醫院裡。德寧甚至不確定自己是否還能繼續從醫。

但瑞納聽完後卻說：「好，我們繼續工作吧。」

他帶著德寧來到手術室，挑了一套乾淨的手術服和白袍穿上，再一起走回精神病房。

那一夜，這位導師都陪在他身邊。

回想此事時，瑞納表示：「我不希望麥可覺得自己做錯了什麼。我想讓他知道，他是個很好的醫生，我們可以忘記悲傷，繼續向前。這種事有點像是戰爭中的死亡。雖然病人不幸在急救台上喪命，但你仍得繼續工作，還有其他病人等著你，也許你可以救他們一命。」

德寧說：「那晚接下來的事情其實我已經不太記得了，但我知道，要是當下我決定回家，很可能就此放棄繼續當精神科醫生。」

三十多年後，德寧仍將那晚視為他人生中的重大時刻。這是他第一次失去一個病人，但他也同時深深記得，那晚他認清了自己——「原來，我能夠撐下去！」

對德寧的人生而言，這段插曲是負面高峰（低谷）。研究「峰終定律」的芭芭拉・佛列里克森（Barbara Fredrickson）認為，我們之所以過度看重記憶中的巔峰，是因為這類時刻好比心理上的價格標籤，提醒我們：一旦你重蹈覆轍，就得付出代價。有些人，比如查德薇爾，發現那代價太高，會決定避免再次嘗試。也有人跟德寧一樣，發現自己能夠挺過去，並認為其中的收穫遠高於痛苦。

請注意，查德薇爾和德寧的故事還有另一個不同之處：若非瑞納在旁鼓勵與支持，德寧永遠不可能發現自己有能耐挺過去。德寧說：「有人期待我振作起來、繼續前進。那個人深信我能撐過那晚，即使我自己當時並不知道。」瑞納那晚的明智之舉，讓德寧內心受創的時刻轉化為成長的契機。

許多時候，是其他人鞭策我們跨出舒適圈。你會請私人健身教練，因為你知道他會逼迫你撐久一點。而我們之所以看重良師益友，也是珍惜這種特質：他們能激發我們的潛能。你絕不會聽到有人說：「對啊，我遇過最棒的教練是馬汀教練。他對我們完全不抱任何期望，我們愛怎麼做就怎麼做，他是很好的人。」

良師益友會敦促你前進：你可以再努力些嗎？你可以承擔更多責任嗎？他們會給你「具有建設性的壓力」。

為了探討這個觀點，我們曾邀請讀者進行下面的挑戰：鼓勵你正在指導的人自我突破，學習新事物。路德教派的牧師，吉姆・亨寧格（Jim Honig）回報了一個案例，他對一位牧師實習生提出挑戰：「教會每年活動的重頭戲之一，是復活節前夕的守夜禮拜。隔天就是復活節，我通常不會安排實習生在守夜禮拜上布道，一般是我自己來。但我對實習生說，今年由他主持。我告訴他這是很重要的宗教儀式，他得拿出最佳表現，而且我相信他一定辦得到。」

亨寧格牧師坦承，將這麼重要的儀式交給別人執行，他難免也會感到猶豫。但這名實習生不負所託，他做到了。亨寧格表示，那是他這輩子做過最好的布道了。

以上述情況而言，有哪些「關鍵時刻」？一共出現兩次。第一次是這名實習生在復活節前夕守夜禮上的講道。那是提升的時刻（挑戰升級），也是榮耀與產生洞察力的一刻（原來我做得到）。這個時刻之所以能發生，是因為亨寧格牧師推了他一把。

但牧師也突破了自我，他跨出舒適圈，把重大的場合託付給一個新人，也冒著失敗的風險。因為這個選擇，他獲得了全新的洞察力。「教會的其他同仁都知道我對聖週和復活節的布道工作有多講究，當他們看到我讓別人分擔那星期一部分的講道任務時，都倍感驚訝，所幸大家都表現得很好。這次的經驗也讓我反思，也許我該更常這麼做。這是我一直都在努力的目標，而我們也從中有所收穫。」

高標準背後的善意

良師敦促學生，學生就會努力自我鞭策。心理學家大衛・史考特・葉格（David Scott Yeager）和八位同事曾在一篇論文中，提出一道簡單的公式：「高標準＋肯定」，這是個滿好的起手式。

葉格描述一項在郊區中學進行的研究，要求四十四位七年級學生寫一篇作文，主題是「心目中的英雄」，然後由老師批改並寫評語。

之後，研究團隊從老師那裡拿到作文，再隨機分成兩組。第一組的作文，被研究者用老師的筆跡寫上一模一樣的話：「我寫這些評語，只是為了給你一些回饋意見。」第二組報告，則貼上被研究者稱為「明智評語」（wise criticism）的字條，上面寫著：「我給你這些評語，是因為我對你有很高的期望，而且我相信你做得到。」（也就是：高標準＋肯定）

接著，老師將作文發還給學生，並且學生可以選擇是否重新修改後繳交，以獲得更好的分數。結果，拿到一模一樣評語的學生，大約有百分之四十的人選擇修改作文；但獲得明智批評的學生，則有高達百分之八十的人選擇修改文章，而且他們所做的內容改動，是前者的一倍。

第二張便條之所以深具力量，在於它改變學生看待「批評」的方式。當他們拿到通篇寫滿修改和建議的作文時，會直覺產生防衛心或不信任感，例如：「這個老師向來不喜歡我！」但有明智評語的字條卻傳遞了不同的訊息，它是在說：「只要你願意努力，我知道你有潛力達到更好的成就。」改得密密麻麻的報告並非針對個人挑毛病，而是幫助他們成長的推力。

脫掉救生衣的勇氣

在組織中，導師制可能發揮更強大的作用，「高標準＋肯定」是相當管用的公式，但它終究也只是「表達期望」。真正優秀的導師還會增加兩項元素：「方向」和「支持」，例如：「我對你有很高的期望，而且我相信你能做得到，所以，試著接受這項新挑戰吧！如果你失敗了，我會幫助你重新站起來。」這就是導師的精神，聽起來簡單，卻強大到足以逆轉一個人的職涯。

二〇一五年，道爾・菲爾普斯（Dale Phelps）是康明斯東北汽車維修中心的品管、服務與經營部門總監，負責銷售康明斯的產品。比方說你跟波士頓簽了份合約，要打造一批都市公車，而你決定採用康明斯生產的柴油引擎，那麼康明斯東北公司會負責處理訂單、送貨，並提供日後的維修服務。而菲爾普斯的工作，便是想辦法讓這間公司的服務更好、更具效率。

在工作中，菲爾普斯相當仰賴一種稱為「六標準差」（Six Sigma）的管理法。假如你是產品製造商，比如是皮球好了，你自然希望所有產品都零瑕疵。六標準差的流程，是將瑕疵的比率降低到每一百萬次僅出現三．四次。也就是說，如果你做了一百萬顆皮球，其中只有三至四顆是變形的。要達到這種品質，你必須嚴苛地監控生產流程、搜集各種數據、找出問題、減少變異。

六標準差的執行人員締造了改善流程的佳績，而這套方法也可以用在非製造業上，像是減少外科手術的失誤，或以菲爾普斯的例子來說，就是提升柴油引擎的維修效率。最厲害的執行人員都想取得六標準差的黑帶證照，但這項榮譽與空手道無關。這張證書是想讓此法在枯燥的工作中增添幾分魅力，雖然值得鼓勵，但終究仍是徒勞。

回頭來說這個故事。菲爾普斯需要一位擁有六標準差黑帶證書的人選，幫他推動在紐約州阿伯尼的工作，於是他雇用了蘭潔妮．席尼文森（Ranjani Sreenivasan）。蘭潔妮在印度長大，為了攻讀機械工程的碩士學位，三年前才來到美國。她的職責是運用六標準差的技術，幫助同事改善流程，譬如重新安排維修車間的動線，把較常使用的工具放在伸手可及的位置。但她做得不太順利。

「她有點害羞，看起來也比較畏縮。」菲爾普斯說。他擔心她不夠強勢，容易被公司裡的老鳥看扁。

但蘭潔妮的想法不同。她自認並不內向，朋友們都暱稱她「雷公」，因為她說話的聲音大到人人皆可聞。她的問題出在她的壓力太大。其實她很懂六標準差，但對柴油引擎維修卻幾乎一竅不通。開會時，她覺得同事們「彷彿是在說希臘文和拉丁文」，她只能把他們提到的專有名詞統統記下來，會後再問人是什麼意思。

她第一次參加六標準差會議時，幾乎不發一語，會後她難過地去找菲爾普斯傾訴。「我覺得很挫折，」她說，「他們把我當成什麼也不懂的新手。」

大家對她的表現也頗有微詞。但菲爾普斯知道她適合這個職位，只是這份工作對她而言已經岌岌可危，所以他要給她一個推力。

菲爾普斯給她的任務是：走出辦公室，去現場看看，實際了解這項業務。除非她能和業內人士溝通，否則很難贏得他們的尊重。

「那時我有點擔心。」蘭潔妮說，實地探訪意味著得離開她熟悉的數據和試算表領域。她擔心在同僚面前會暴露出自己的無知，再加上她才二十四歲，很年輕，是女性，又是印度人，這三種身分在公司裡很罕見。

她的第一站是位於康乃狄克州羅基希爾的分公司，那裡的主管是少數的女性領導者之一，她親自帶著蘭潔妮參觀，並指點她這一行的眉角。蘭潔妮待了一星期，回到奧爾巴尼時覺得自己變得煥然一新。

「那次探訪改變了一切，」她說，「我開始明白這些術語的意思，夏琳（羅基希爾的經理）告訴我，看見我年紀輕輕就能承擔這麼多責任，她深感驕傲。」

菲爾普斯又安排了幾次現場參訪，蘭潔妮也越來越有信心，開始向同事分享六標準差的觀點。道爾開始聽到其他同事說對她刮目相看。曾抱怨她表現太差的人，如今卻誇她是團隊裡的佼佼者。

「我發現過去太小看了自己，」她說，「我從不知道自己可以成為操作型的人，我以為我就只能當個資料分析師……道爾對我深具信心，但我卻缺乏自信。」

菲爾普斯認為，蘭潔妮的起步困難重重，其實導因在他。「一開始很多事我都不讓她碰，事後想想才覺得這樣是不會成功的，而且對她很不公平。如果你老是穿著救生衣，就永遠不知道自己到底會不會游泳。有時候你得脫掉救生衣，當然旁邊要有人準備提供救援，然後說：『讓我們看看結果會如何囉。』」

這則故事完整詮釋了我們前面提到的導師制是有一套「公式」可循的：**高標準＋肯定**（菲爾普斯說：「我明確告訴她，我對她的成就有很高的期望。」）＋**方向＋支持**（菲爾普斯建議她去現場見習，以彌補經驗的不足，並確保她的第一次拜訪是由女性主管陪同。）＝**更多的自我洞察**（蘭潔妮說：「我發現過去太小看自己……我從不知道自己可以成為操作型的人。」）

培養對失敗的免疫力

導師的推力能使人自我突破，進而創造自我洞察的時刻。關於理想的導師制，「推力」這部分可能有違常理，因為這意味著導師必須讓受指導的人冒些風險，通常我們對於在乎或關心的人，會本能地幫助他們避開危險，將他們保護得滴水不漏。

當然，這也是親子教養常見的一個難題：你應該讓小孩自由嘗試，從錯誤中學習，抑或保護他們不要犯錯？大多數父母戰戰兢兢、如履薄冰地在過度保護和放任不管之間來回試探。

你要如何鼓勵小孩跨出舒適圈，但又別跨得太遠呢？來看看莎拉・布蕾克利（Sara Blakely）的故事。

布蕾克利從小被教導要勇於挑戰。她是女性塑身衣Spanx品牌的創辦人，該品牌推出的第一款產品是較舒適的緊身褲，立刻大受歡迎[9]。這段創業故事早已是業界耳熟能詳的傳奇：一九九八年，布蕾克利正準備出門參加一場宴會，她穿上新買的緊身白長褲，卻面臨一個兩難的局面：她想在緊身褲裡穿上能顯瘦的褲襪來達到修飾身材的效果，卻又想穿涼鞋露出腳趾。那她到底該不該穿褲襪？

此時她靈光一閃，把褲襪腳趾的部分剪掉，就這樣穿去赴宴。雖然她的創新之舉也有瑕疵：被剪掉的褲襪尾端會一直沿著小腿往上捲，但她心想：「這就是我的機會。只要能改良這個產品，女性一定會喜歡！」

兩年後的二〇〇〇年，她與Spanx的第一個客戶尼曼精品百貨簽約，同時這個品牌也被知名主持人歐普拉列在她最愛的產品名單（Oprah Favorite Products）上。十二年後，布蕾克利被《富比士雜誌》評選為史上最年輕的白手起家女富豪。

布蕾克利在《勝利，並非事事順利》（*Getting There: A Book of Mentors*）一書中寫道：「我記不得有多少女人走到我面前，對我說：『我也剪掉褲襪好多年了，為什麼我沒想到要創立Spanx呢？』原因就在於：一個好點子只是個起點而已。」

布蕾克利和其他女性的不同之處，在於她的堅持。Spanx創立初期，常有人說她的點子愚蠢或可笑。有次她跟一家法律事務所開會，注意到其中有位律師一直滿腹狐疑地東張西望，稍後對方向對她坦承：「莎拉，我最初見到妳時，覺得這個點子實在太爛了，我還以為妳是《隱藏攝影機》（Candid Camera）節目派來整人的。」

男人大概都難以理解她的點子有多厲害，但掌握產品製造決定權的高層人士，卻偏偏幾乎是男性。（她曾試過在喬治亞州找女性專利律師，卻遍尋不得。）紡織廠老闆也清一色是男性，他們一再否決她的點子。直到有位工廠老闆跟女兒提起這點子，她們強烈要求爸爸一定要回電給她，這才製造出產品的原型。

是什麼特質讓她挺過這麼多次失敗的嚴苛考驗？布蕾克利的前一份工作是傳真機的推銷員，她剛上班時，連潛在客戶的名單都沒有，她的主管只給了她一張四個郵遞區號的區域圖和一本電話簿。

「我每天一早起床，就開車四處在那些地方挨家挨戶拜訪不認識的客戶，從上午八點到下午五點。」她寫道，「大多數人是當場把門關上。我每週至少會看到一次自己的名片被撕碎，還有好幾次被警衛請出大樓。沒多久，我便對『不』這個字免疫了，甚至覺得我的處境還滿有意思的。」

這是強大的洞察時刻。她領悟道：「我不再害怕失敗。對我而言，它已經不是障礙。」

布蕾克利賣了七年的傳真機，直到她穿上那件白褲去參加宴會，突然出現Spanx的靈感。她打造Spanx的毅力，全靠那七年失敗的經驗所鍛鍊出來。（在此要說明，以業績來說，她算是相當成功的銷售員了。）

那麼，布蕾克利非比尋常的恆毅力從何而來？銷售生涯的經歷無疑是催化劑，但她的成長背景也發揮了關鍵作用。在她和弟弟的成長過程中，父親每星期吃晚餐時，都會問姊弟兩人：「你們這禮拜有沒有做什麼事情是失敗的？」

「要是我們答不出來，他反而會覺得失望。」布蕾克利說，「這件事似乎不太合邏輯，卻又特別有效，因為他知道很多人會因為害怕失敗而裹足不前，太擔心要是沒把事情做好，別人會怎麼看待自己，因此不敢冒一丁點風險。我父親希望我們勇於嘗試，別害怕挑戰。他的態度教會我用不同的方式定義『失敗』。不是沒成功才叫失敗，而是連試都不敢試。」

父親的態度，成為推動孩子前進的動力，鼓勵孩子將「失敗」視為常態，並變成在餐桌上可以輕鬆閒聊的話題。因為當你在腦海裡搜尋可能會失敗的情況時，「失敗」的威脅自然就會減弱，因為你已經對它產生免疫力。

布蕾克利內化了這個在餐桌上可以成為談資的問題，延伸至比她父親所想的還更深遠的意義。

這是我們最喜歡的那種故事結局：一個備受歡迎的企業家受到父親的啟發，追夢成功，並獲得豐厚的回報。有些新創業者能成為贏家，有些則未必，但他們的共通點都是願意讓自己置身於「可能失敗的情況」。

停留在原地當然比較安全，站著不動就不會跌倒。但只要讀過心理自助書的人，都一定聽過下列的忠告：「離開舒適圈！」「做點不一樣的事！」「翻開人生新頁！」「勇於冒險！」這些建議乍聽都很合理，對於無力改變現狀的人來說尤其有鼓勵的作用。但必須注意一點：這些建議多半是在暗示你，成功已經是囊中之物。冒個險，你就會成功！冒個險，你就會更喜歡全新的你！

但事情不見得如此，風險就是風險。麗・查德薇爾大膽地開了間烘焙坊，結果搞得她苦不堪言。假如冒險都保證會成功，就不叫做冒險了。

自我突破也不一定會成功，但一定能學到東西，並培養自我洞察力；同時還能獲得許多答案，用以回答人生當中最重要且費解的問題：我真正想要什麼？我到底可以做什麼？我能成為什麼樣的人？我能承擔多少責任？

一位精神科實習醫師發現自己其實有能力面對創傷；一個小鎮女孩發現自己能獨自在異國生活得很好；甚至最後遭逢失敗的人，也能從學習中獲益，查德薇爾更加明白自己所珍視的人生事物。

透過自我挑戰，就能創造出自我洞察的認知，那是心理健康與幸福感的泉源。我們如果不跳脫舒適圈，就永遠無法知道自己能力的極限。

洞察時刻

一、洞察的時刻產生了領悟與轉變。

二、這種時刻不需要靠神奇的巧合才能發生。我們可以透過設計，引導他人在瞬間發覺真相，也就是促成具有強烈情緒衝擊的頓悟。

【實例】卡爾博士發起的CLTS計畫，使眾多村民驚覺隨地便溺的害處。

三、瞬間發覺真相具備三項特質：(1)有明確的洞察(2)在短時間內發生(3)由當事人自己發現。

【實例】在「夢想練習」中，教授們發現課程大綱並未列出自己最重視的目標。

四、要創造自我洞察的時刻，我們需要自我突破，也就是讓自己進入可能遭逢挫敗的陌生情境中。

【實例】麗・查德薇爾大膽地開了間烘焙坊，但覺得壓力過大，便結束營業。但在這段過程中，她更了解自己的能力與價值觀。

五、導師能幫助我們達成原以為力有未逮的極限，進而激發關鍵性的轉變時刻。

【實例】精神科實習醫師麥可・德寧有位良師，陪他熬過那一夜的值班。「他知道我能撐過去，即使我並不知道自己有那樣的能力。」

六、能激發自我洞察的導師制有其公式（或稱「規則」）：高標準＋肯定＋指引＋支持。

【實例】六標準差專家蘭潔妮・席尼文森在職場上的良師，督促她培養企業營運的技能。她說：「我這才發現原來我過去太小看自己了。」

七、若期望學習者能有所成長，我們必須「克服想為關心的人遮風擋雨，讓他們遠離危險。」的保護本能。

【實例】Spanx創辦人莎拉・布蕾克利的父親每週都會問兒女說：「你們這禮拜有沒有做什麼事情是失敗的？」他希望子女能發現自我挑戰沒那麼難，用不著害怕。

八、自我突破不一定會成功，但一定能有所成長。

〔案例3〕

改善中式餐廳的用餐體驗

狀況

安琪拉・楊（Angela Yang）是貓熊花園之屋（Panda Garden House）的老闆，這是一間位於北卡羅萊納州羅里市傳統的中式餐廳，招牌菜為左宗棠雞、餛飩湯，印有十二生肖圖案的餐墊也是餐廳的特色之一。在應用程式如此盛行的現在，利用於Yelp之類的美食評論網上留言，讓安琪拉看到為餐廳打響名號的機會，因此她打算做出重大改變。（說明：安琪拉和餐廳均為虛構。）

核心問題

安琪拉為自家的美食感到自豪，但她也同意許多評論者所指出的一點：用餐過程整體而言過於平淡無奇。她該如何大幅提升在貓熊花園之屋的用餐體驗，使它變得令客人覺得有趣而難忘？

如何創造關鍵時刻？

貓熊花園之屋當然不可能達到米其林星級餐廳的用餐水準。但別忘了魔法城堡飯店和冰棒熱線給我們的啟示：絕大部分良好的體驗都是平凡無奇，只有少數時刻會令人留下深刻的印象。安琪拉不需要重新設計整個用餐流程，只需專注創造一些魔力時刻就夠了。

一、加入「提升」元素：

◆ **強化感官吸引力並打破慣例：** 高級餐廳常會為每位客人提供一道免費的開胃小點。如果貓熊花園之屋也比照辦理，那會如何呢？（如迷你豬肉水餃）或者比照頭等艙乘客的待遇，在客人用餐前，先遞給他們一條散發茉莉花香的熱毛巾呢？

二、加入「洞察」元素：

◆ **自我挑戰以獲得洞察力：** 餐廳可以設計一道「辣度耐力挑戰」的菜色，比如在一盤菜餚中，有五種不同的辣度，客人可以挑戰自己的辣味極限，甚至在吃辣實力上能否和中國人一較高下。（請注意，這也可以成為「升級闖關」的榮耀時刻。詳見第八章。）

三、加入「榮耀」元素：

◆ **建立里程碑：**紐約的「麥迪遜公園11號」（Eleven Madison Park）是世上首屈一指的餐廳。它曾讓客人參加一個品嚐巧克力的挑戰——猜猜巧克力是用哪種動物的奶所製成，包括牛奶、山羊奶、綿羊奶、水牛奶。假如貓熊花園之屋參考這個點子，稍加變化，提供中國四大菜系的小分量美食，或菜餚中使用了四種常見不同香料的其中之一，讓客人猜猜食物裡是哪種香料，凡是能全部答對者，便可獲贈人人都想要的「大貓熊」貼紙。

四、加入「連結」元素：

◆ **分享禮儀，建立情感連結：**如果有客人點酒，服務生可以主動分享一些中國人喝酒的禮儀。譬如，你和朋友乾杯後要一飲而盡；又如與長輩或主管碰杯時，為了表示敬意，你的杯緣須低於對方的杯緣。

◆ **強化彼此的關係：**要是貓熊花園之屋將「幸運餅乾」重新包裝成「友誼餅乾」，裡頭附上一些能引發對話的問題，讓大家在用餐之際暢談呢？例如你打開餅乾，裡面的紙條上寫著：「你上一次獨自唱歌是什麼時候？唱給別人聽又是什麼時候？」

總結

少數時刻就能大幅改善顧客的用餐體驗。以上的點子，是由商學院裡一個班級的學生所提供的。若由真正的餐飲業者來發想，肯定會有更多妙招。我們希望你透過這個案例練習，發現只要掌握本書中提到的原則，想創造令人難忘的體驗其實易如反掌。

Part 1 提升時刻

Part 2 洞察時刻

Part 3 榮耀時刻

Part 4 連結時刻

引言

提升的時刻使我們擺脫日常的庸碌，洞察的時刻使我們發現全新的世界和自己，而榮耀的一刻則是呈現我們最佳狀態的時刻，像是展現勇氣、獲得肯定，抑或克服挑戰。

你該如何創造「榮耀時刻」呢？顯而易見，別無竅門，那就是你得全力以赴，投入時間，鍛鍊更高超的技藝，累積成就，而這些收穫自然會令你感到自豪。就這麼簡單。

那種「捲起袖子動手幹」的勸告確實頗有道理，但是當你從「片刻」的角度來思考，會發現這種建議其實忽略了幾個要點。

首先，不論我們的技能有多好，真正能讓人感到驕傲的時刻，通常是這種能力被他人看見並肯定。想想你職涯中的榮耀時刻，我們敢說都與你升職、得獎或被讚賞等這類「被認可」的事情有關。我們會在第七章發現，透過公開表揚為他人創造關鍵時刻，是多麼簡單又有力量的事。我們也將看到，短短一小時的體驗，如何能讓你接下來的一個月都充滿幸福感。（喔，別誤會，我指的可不是吃Krispy Kreme甜甜圈。）

另一個事實是，即使兩個人追求同樣的目標，付出相同的心力，但他們對於工作的規劃與設計方式，也會影響感覺驕傲與自豪的程度高低。你將學會如何「巧妙設計榮耀時刻」，亦即透過設計遊戲的原則，讓你在通往目標的途中，能體驗更多次的關鍵時刻，在〈第八章：創造更多的里程碑〉裡，你會明白為什麼這麼多美國人立志要「學會西班牙文」，卻總是半途而廢。

最後，我們還會探討最令人引以為傲的一些經驗，像是展現勇氣的瞬間，或為信念挺身而出的時刻。這些時刻並非勤奮努力的副產品，機會可能突如其來，我們或許事後會為自己未能及時行動而後悔不已。但我們也會看到，一如鍛鍊體能和智力的技巧，勇氣亦是能透過練習而培養的「道德技能」（第九章：鍛鍊勇氣）。我們會了解士兵如何能在拆解炸彈時保持冷靜，而害怕蜘蛛的人又如何克服恐懼。

簡單來說，勤奮努力固然重要，卻不能保證我們能體驗關鍵時刻。接下來幾章會教你三大策略，幫助你活出充滿光彩的自豪人生。所以，翻開下一頁，讓時光回到充滿許多（負面）關鍵時刻的國中時期吧！

第七章

表揚他人的成就

「不准唱出聲音」的女孩站上卡內基音樂廳

凱拉・史露普記得那是她人生中最糟糕的一年。一九八三年，她即將升上六年級。「想像一下，一位有著一口亂牙、失控的捲髮，自尊心極其低落的十一歲女孩。」她說，就在開學前的那年暑假，她父母離婚了。

那時，史露普唯一期待的就是上合唱課，她有非常渾厚的嗓音，以及「絕佳的表演天賦」。親戚們都說她應該去當鄉村歌手。

但那學期剛開始便發生了一件事，至今仍深深烙印在她的記憶裡。當時學生們依照聲部，被分成女低音、女高音、男高音及男低音，依序站在合唱團的階梯上。音樂老師是個「頂著蜂窩狀髮型、永遠皺著眉頭」的女人，她帶領大家唱一首熟悉的歌曲，一邊用指揮棒敲打樂譜架打著拍子。

史露普記得，當時老師朝她走來，邊聽邊靠近她，然後她突然叫大家別唱了，直接對她說：「妳！妳的聲音聽起來……很奇怪，跟其他女生的和聲格格不入。你假裝有唱就好了。」

那些話讓她震驚不已：「班上其他人都在偷笑，我真希望地板能有個洞讓我鑽進去。」那一整年，每回合唱團練唱時，她就只做口形，不敢真的唱出來。

「合唱團本是我最喜歡的活動，」她說，「家人都說我唱得好，但老師卻說我不會唱歌，於是我開始懷疑一切。」她開始叛逆，跟校內的壞學生鬼混，那是一段人生的黑暗期。

七年級結束的暑假，她參加北卡羅萊納州為資優生舉辦的克羅威體驗營（Cullowhee Experience）。她報名加入合唱團時，連自己都覺得不可置信。在練習時，她依舊只張嘴假裝在唱，老師注意到她的行為，要她下課後留下來。

「這位老師身材嬌小，髮長及腰，是個『可愛的嬉皮女孩』。」史露普說。她邀請史露普和她一起坐在鋼琴椅上，兩人開始在空蕩蕩的教室裡唱歌。

一開始史露普還有些猶豫，但很快卸下了心防。她說：「我們一遍又一遍地唱著音階和歌曲，一起和聲、即興創作，直到兩人聲音沙啞為止。」

此時，老師雙手捧起史露普的臉，凝視著她的雙眼說：「妳的聲音很有特色、感情豐富，又悅耳動聽，簡直就是巴布・狄倫和瓊拜雅愛的結晶。」

那天她離開教室時，覺得心中好像放下了千斤重擔。「我感到難以言喻的幸福。」她說。然後她去圖書館查誰是瓊拜雅。

在那個神奇的暑假，她經歷了一場蛻變，以蝴蝶破繭之姿出現，朝著光亮飛去。（而且，她個人成長的關鍵時刻出現後，她和營隊裡另一位同學也迎來浪漫的關鍵時刻。[10]）她對自己的歌喉益發有信心。上高中後，她加入戲劇社，幾乎每一齣音樂劇均由她擔綱演出。她越來越習慣在觀眾面前表演，直到她最驕傲的時刻來臨：她帶領合唱團在卡內基音樂廳獻唱。

沒錯，卡內基音樂廳！台上正是那個當年被警告「不要唱出聲音來」的女孩！

好老師能夠改變孩子的一生

史露普的故事讓人深受感動又鼓舞人心，但令人驚訝的是，這種情況其實並不罕見。社會學家蓋德・翟葉爾（Gad Yair）訪問過一千一百人，詢問他們就學時最深刻的經驗，結果他發現所有故事都驚人的相似。以下是他認為最具代表性的案例之一：

那年我十二歲，所有老師都認為我是壞學生，學校對我來說是既冷漠又疏離的地方。後來，我的導師請產假，新來的代課老師說，不論我們過去的表現如何，一切都既往不咎，重新開始。她出了一份家庭作業，我也盡全力完成。

隔天，我在課堂上朗讀了這份作業，那位新老師在大家面前誇獎我寫得好。我，這個爛學生，班上的醜小鴨，突然變成美麗的天鵝。她給了我信心，她完全不在意我之前糟糕的成績，讓我成功邁向新的篇章。

這跟史露普的故事多相似啊！首先，經歷一段被排擠和被拒的黯淡時期。然後，一位新老師出現了，給予肯定和支持，使他／她徹底翻轉，醜小鴨變成美麗的天鵝。

這樣的橋段，翟葉爾聽過無數次。他有篇研究論文的題目就叫做《灰姑娘與醜小鴨：學生求學生涯中的正面轉捩點》。

我們指出這樣的共通性，並非想削弱這類故事的力量。相反地，正是這些相似之處說明了最重要的事：只要幾分鐘，便可能扭轉一個人的人生。這些關鍵時刻並不是偶然發生，而是那些有心的老師刻意創造出來的。

但這也讓我們反思：還有多少潛在的關鍵時刻之所以沒機會出現，只因老師太疲倦、太分心，或是不知該如何將心中的關切，轉化為有意義的對話？假如每位老師在擔任教職前都能先接受培訓，知道該如何跟史露普這樣受過傷、性格退縮的學生打交道，結果會是如何？不妨將下面這類的指導方法納入新任教師訓練中：「如何在寶貴的幾分鐘內，為一個孩子的人生帶來長久的影響。」

有許多方式能為他人創造榮耀的一刻，最簡單的一種就是給予肯定與讚美。在這一章，我們將了解為何認可與讚賞他人是如此重要；該如何讓這樣的時刻發揮最大效益；還有，為什麼接受讚美者愉悅的感受，會回饋到讚賞者自己身上。

標準化的表揚VS.客製化的讚賞

羅斯福大學的卡洛琳・懷利（Carolyn Wiley）檢視了四組分別於一九四六、一九八〇、一九八六及一九九二年執行的員工動機研究，這些研究很類似，都是要求員工為能激勵他們工作的主要動機做出排名。常見的答案包括「職務的內容有趣」、「工作有保障」、「薪資優渥」，以及「有參與感」。這項橫跨四十六年的研究，只有一項動機始終名列前兩名，那就是：「在工作達成後，獲得充分的肯定。」

對員工來說，獲得認可的重要性毋庸置疑。但問題就在這裡：儘管贏得認可是普遍的期待，卻不是普遍的做法。

懷利總結研究成果後指出，有超過百分之八十的主管表示會經常對下屬表示謝意，但僅有不到百分之二十的員工認為自己的主管常這麼做。這種情況，稱為「認知差距」。

這種認知差距會導致相應的後果。一項調查發現，人們離職的主因是缺乏讚美和肯定。許多企業主管注意到這點，因此設計了各種不同的表揚方式，像是「本月最佳員工獎」，或在年度大會上表揚「明星」員工。但這些做法往往效果不彰，原因有二：第一，表揚的頻率大有問題。並不是每個月選出一名員工，合適的讚美頻率應該是每週，甚至每天，而不是以月或年為單位。

其次，這種計畫太過僵化，流於形式，反而容易招致大家的不滿或質疑。舉個例子，「本月最佳員工獎」制度都會碰到一種情況：如果評選的原則確實公正，那麼每個月拿獎的都會是最優秀的員工，但每次都頒給珍妮似乎有些說不過去，於是你開始編一些理由，讓大家都能輪流得獎。過了一年後，可能只剩下史都華還沒拿過獎。這又延伸出另一個問題：在某年的十一月，你讓他也有機會得個「安慰獎」，（例如：「他拖延的毛病確實有改善了！」）從此，只要提到「本月最佳員工獎」，底下的員工就會開始翻白眼，還希望這個獎別落到自己頭上[11]。

針對這種情況，研究表揚的專家知道如何避免這種情況。他們建議採用客觀的評量標準，例如業績，以免流於形式或人情壓力。例如，如果史都華一直未能達標，便不該得獎。就是這麼簡單！

但更重要的是，真正有效的稱讚其實是個人化的，而非流於形式。根據我們的研究，當詢問人們回顧職涯中的「關鍵時刻」時，我們很驚訝地發現，大家提到的往往是某次單純的個人事件。例如：

我打掃了後方的儲藏室，把每輛腳踏車都重新排整齊，好讓清點工作更容易進行。經理為此大大誇了我一番。我真的感到很驕傲，因為終於有人注意到並肯定我的努力……

另一個例子是：

幾年前，我在辦公室裡工作時，有位新客戶來訪。他和我同事談話時，看起來心情很不好……我從後面的辦公空間走出來，前去看看有沒有我能幫得上忙的地方。然後，我注意到同事和客戶都沒發現的錯誤，替他們解決了難題。這位客戶非常感動，要求一定要跟我的主管說話，告訴他我有多棒。那讓我覺得受到激勵。即使這只是件小事，但我確信，我的主管是從那時起才注意到我工作很賣力。

這兩個例子的共通點在於：讚美都是臨時發生的，而不是在事先安排的表揚大會上，而且也都針對具體行為。佛瑞德・盧森斯（Fred Luthans）與亞歷山大・D・斯卡達斐濟（Alexander D. Stajkovic）在一篇經典的論文中指出，有效的讚美會讓員工覺得自己的付出受到關注，就好像經理在說：「我看見了你所做的一切，我很感激。」

在禮來公司（Eli Lilly）負責培訓開發領導力的凱司・瑞辛格，將「認可」視為公司管理風格的一大特色。他早期曾負責管理一組業務專員，任務是訓練他們拜訪精神科醫師，希望醫師能採用禮來的藥物。

當瑞辛格跟業務人員一起外出拜訪時，許多人都帶他去見自己最熟的客戶，在主管面前表現出很厲害的樣子。但鮑伯・休斯（Bob Hughes）卻不這麼做。他說有位客戶很難搞，姑且稱他為辛醫師，他想請瑞辛格幫個忙。

休斯對於和辛醫師的業務始終沒什麼進展感到挫折，每次去辛醫師的辦公室，對方對禮來的藥物總是表現出高度興趣，卻從未開立他們的藥物。

瑞辛格跟休斯去找辛醫師時，注意到一個大問題：休斯的推銷有聲有色，卻幾乎沒在聽對方說話。拜訪過後，瑞辛格問了休斯與這位醫生有關的幾個基本問題，諸如對方通常如何決定開什麼藥？他多久看一次病人？他如何判斷藥物的療效？

結果，休斯全都答不出來。於是瑞辛格給他一項任務：要他對客戶多一些好奇心，別只顧著推銷，試著了解醫師的想法。

在接下來的數次拜訪中，休斯才開始明白辛醫師何以遲遲不願採用他們的藥品。比方說，禮來有款治療注意力不足過動症（ADHD，簡稱過動症）的藥，叫做Zojenz（化名）。辛醫師有許多過動症的病人，但他一直不肯開立Zojenz。休斯為此相當不解，他認為Zojenz非常適合治療過動症，不但有效，而且不像其他是興奮劑的藥物。辛醫師自己也說過這種藥的效果很好，那他為什麼沒開呢？

休斯在開始學習傾聽後，得知辛醫師有許多病人是在遇到大問題時才來找他的青少年。諸如有行為問題的學生，即將被退學或某一科被當。這些病人需要能立刻見效的藥物，但Zojenz藥效溫和，需要一個月甚至更久才能發揮療效。

於是休斯提議辛醫師，可以考慮在暑假開Zojenz給病人，因為在假期裡，孩子無須服用必須立刻見效的藥物。休斯還建議開Zojenz給有過動症而不願服用興奮劑藥物的成人。

辛醫師覺得這主意不錯，於是開始嘗試開立Zojenz，在發現成效很不錯後，也成為這款藥的擁護者。

瑞辛格對此結果非常振奮，這正是他想灌輸給團隊的「好奇心」精神。

大約一個月後，瑞辛格在一場業務會議上，以休斯故事作為開場，強調「提問與傾聽」的重要性，並送給休斯代表出色傾聽能力的禮物：一副Bose的耳機。

休斯說：「那是我感到最驕傲的時刻。在製藥業，大家都很聰明，競爭也很激烈，能夠打敗同儕，獲得這樣的獎勵，要比拿到獎金更有意義。」

此後，瑞辛格開始設計更多「客製化」的獎勵。比如有位業務員為某位客戶量身打造了最適切的解決方案，他便送這名業務一台Keurig的膠囊咖啡機（代表「每一杯都是你為某人精心特製的」）。至於對客戶展現強烈好奇心的同事，他則會送印有「探索永不停止」（Never Stop Exploring）標語的North Face戶外運動用品。

當然，藥廠的業務員收入豐厚，耳機和咖啡機，他們自己也買得起。但這些獎品的價值不在於價格，而在於「象徵意義」。瑞辛格用這些半開玩笑的禮物，為團隊成員不斷創造榮耀時刻。

也許你有不同的管理風格，覺得不適合這種帶有寓意的禮物，那也無妨。表達讚許的方式有很多，有些是隨興而為、直截了當，例如那位誇讚員工把腳踏車整理好的主管；有些是溫暖的關懷，比如那名老師捧著凱拉的臉龐，對她說：「妳的聲音非常悅耳動聽。」

風格並不重要，重要的是出自真心，要個人化，而非囿於形式。頻率也很重要，盡量每週一次，而不是一年才一次。最後，最關鍵的當然是訊息本身：「你所做的一切我都看在眼裡，我很感激。」

如何好好道謝？

若是規模大到你必須以「制度化」的方式進行稱讚時，你該如何做到讓人感受到真誠的個人關懷？試想一個擁有成千上萬名捐款人的慈善組織，每位捐款人都值得收到一封貼心且個人化的回覆，但這在實際上是做不到的。不過，有個叫做DonorsChoose的公益團體找到了一種方式，他們的領導團隊有系統地建立了一套讚賞回饋的機制。

DonorsChoose的網站讓老師為自己的教學專案向群眾募資。小學老師可能會希望募得二百五十美元購買新書，高中自然科學老師則可能需要六百美元添購新的實驗器材。在當今學校預算大幅縮減的年代，外界的捐款更顯彌足珍貴。

對捐款人來說，真正感動的時刻會直到一、兩個月後才出現，那時大多數人早已忘記自己曾捐過款。此時他們會收到一份郵寄包裹，裡面裝滿了不同人（接受捐款的學生）所寫的具名感謝信。

洛比亞・阿莫德和她的丈夫曾捐款給一個國小班級添購基本教學用品。以下是夫妻倆收到的其中一封信：

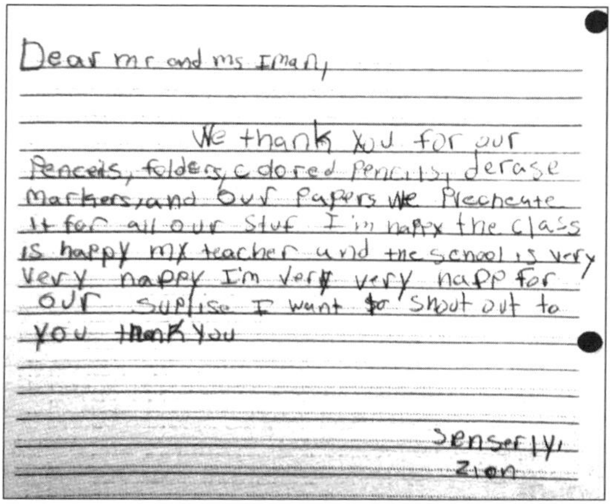
Dear mr and ms Iman,

We thank you for our pencils, folders, colored pencils, derase markers, and our papers we precheate it for all our stuf I'm happx the class is happy mx teacher und the school is very very happy I'm very very happ for our suplise I want to shout out to you thank you

Senserly,
Zion

親愛的阿莫德夫婦：

我們有了鉛筆、文件夾、彩色鉛筆、橡皮擦、簽字筆，和用來寫東西的紙張。我真高興，全班也很高興，老師跟全校都好高興喔。我也很開心大家能給你們驚喜。我想大聲跟你們說謝謝！

席安　敬啟

「我哭了，」她說，「這些孩子……他們是真心感謝我送他們鉛筆。」

一開始，阿莫德對收到感謝信一事其實有些抗拒。（根據DonorsChoose網站的規定，只要捐款達五十美元以上，系統就會自動寄出謝函，除非捐款人選擇不收，而這樣做的人不在少數。）她原本是想：「孩子不需要為這種事道謝，我們只是像對待自己的孩子般提供這些基本用品。」

但她和DonorsChoose的職員聊過以後，明白此事對學生們也有重要的意義：「這並不只是得到物資，更是學會珍惜這些東西，並且知道世上有人希望他們能出人頭地。」

喬治亞州的小學教師瑪麗・琴・佩思（Mary Jean Pace）曾透過DonorsChoose網站為學校募款購買資源回收桶。她班上許多學生的家屬雖紛紛慷慨解囊，但最終讓這項計畫順利達標的款項，卻是由一位住在維吉尼亞州阿靈頓市的女子所捐助。佩思對班上學生說：「孩子們，阿靈頓離我們這裡很遠，我們甚至不認識她，但她卻認同我們要做的事很重要。」學生們訝異極了，大家都迫不及待地想要寫信給這位住在阿靈頓的善心人士。

寄發感謝信是DonorsChoose從二〇〇〇年創立時就有的慣例。最初，每年寄出的信件只有幾百封，到了二〇一六年，已經達到近百萬封！（左頁是最近發送感謝信的一些範本。）

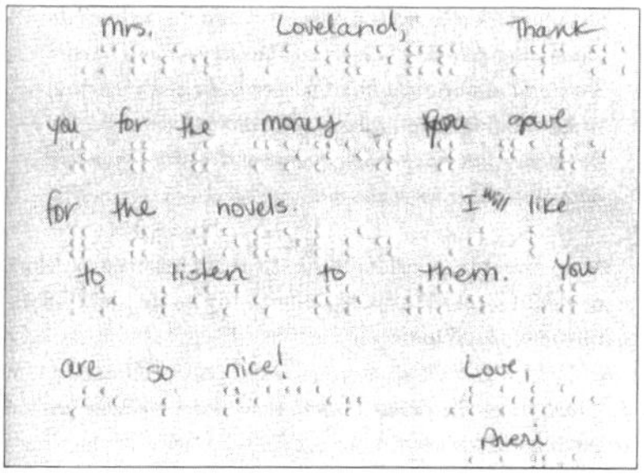
Mrs. Loveland, Thank you for the money you gave for the novels. I will like to listen to them. You are so nice! Love,
Averi

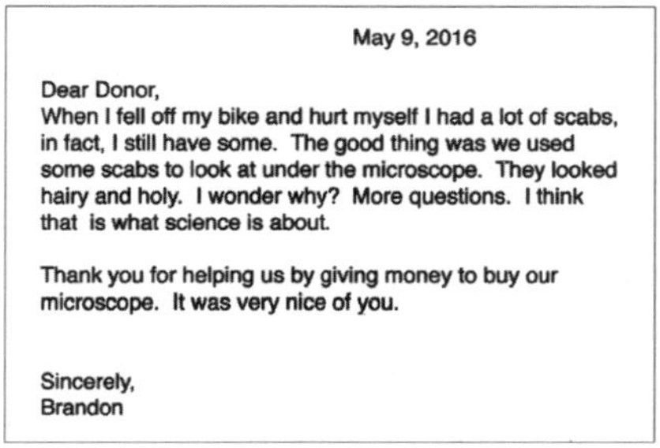
May 9, 2016

Dear Donor,
When I fell off my bike and hurt myself I had a lot of scabs, in fact, I still have some. The good thing was we used some scabs to look at under the microscope. They looked hairy and holy. I wonder why? More questions. I think that is what science is about.

Thank you for helping us by giving money to buy our microscope. It was very nice of you.

Sincerely,
Brandon

二〇一六年五月九日

親愛的捐款人：

我從腳踏車上摔落受傷後，皮膚結了很多痂，有些至今還沒好。有趣的是，我們把幾個痂放在顯微鏡底下觀看，看起來毛茸茸的，有種神聖感。我在想為什麼呢？我還有很多疑問。我想這就是科學存在的理由。

謝謝你捐款幫助我們買顯微鏡。你人真好。

布蘭登 敬啟

親愛的洛芙蘭太太：

謝謝妳寄錢給我們買小說。我很期待聽老師講這些故事。妳真是大好人！

愛妳的 艾薇兒

要維持這種做法需要有周密的組織與計畫，包括十多名員工和一百二十名義工所組成的團隊，負責審核感謝信的內容。

經常有人建議可以先將這些信以掃描的方式，再透過電子郵件寄送，使這套程序更有效率。（想想我們之前說過：「合乎常理」的力量會讓人意志消沉。）DonorsChoose的副總裁茱莉亞·普利安托，負責管理捐款人信件的事宜，她說：「這種培養感恩心態的做法，與所有規模化經營的建議相衝突，但正因如此，人們才會對此念念不忘。」

二〇一四年，他們分析過往的數據，發現選擇接收感謝信的捐款人，隔年會捐更多。感謝信會強化彼此的承諾。但對DonorsChoose而言，這些數據並不重要。

「我們不是行銷部門，」普利安托說，「我們並非為了募更多錢才這麼做。我們相信，這是我們組織中不可或缺的一環。我們堅信感恩才是正確的態度。」DonorsChoose為捐款人創造了「關鍵時刻的寶庫」。

捐款人洛比亞·阿莫德有個抽屜，專門放她珍藏之物，比如子女的成績單。這裡也收著來自DonorsChoose的感謝信。

讚美的力量

不消說，表示感激當然會讓被讚美者感到開心，它也會產生迴力鏢的效果，連帶讓感謝者也備受鼓舞。正向心理學家致力尋求讓人們更快樂的科學方式時，發現所謂「感恩拜訪」的力量。正向心理學之父馬汀・塞利格曼（Martin Seligman），提供了這樣一個練習：

閉上雙眼，試著回想某位仍在世者的臉，她／他在多年前曾做過某事或說過某些話，使你的人生變得更好，可是你未曾當面好好向對方致謝。下週你可以親自與他見上一面。現在，你想到這個人會是誰了嗎？

現在，你的任務是寫一封感謝信給這個人，並親自交給對方。信的內容要具體，約三百字，明確寫出對方曾為你做過什麼，對你的人生造成什麼樣的影響，並讓對方知道你目前過得如何，也要提到你經常想起她／他當初的善行。

以下這封感謝信，是就讀於蒙大拿州立大學的保羅・格萊思曼寫給母親的信，後來還當面念給她聽。

媽，從我出生到現在，妳每天都影響我的人生……

我讀高中時，每一場球賽妳都會盡可能來參加，即使這表示妳必須提早離開公司，趕搭公車到現場。妳總是在那裡。就算是季後賽在寒冷的楓谷打球，妳也都會裹著厚厚的毛毯在現場觀看。十月中旬有時會下起傾盆大雨，妳也穿著雨衣到場……

妳不斷督促我、鼓勵我要在課業上好好表現，因為妳希望我能上大學。我記得那天得知被蒙大拿大學錄取時，我們在一起分享那美好的一刻……我知道若不是妳，我不可能繼續升學，關於這件事，我真的很感謝妳……

不論是艱難或快樂的日子，妳始終都支持著我，我無法形容這對我有多重要。我只能說，我全心全意地愛妳。妳是非常了不起的人，也是無可取代的母親。謝謝妳付出的時間和心力，才造就今日的我。我真的很愛妳。

對這位母親來說，這段感恩拜訪無疑是個巔峰，它包含了關鍵時刻的四大要素：提升，這個舉動沒按照日常的腳本走；洞察，她得知兒子對她的看法；榮耀，為孩子的成長與成就感到驕傲；連結，此信讓母子之間激發深刻的情感。（唸信的過程中，母子二人都泛著淚光。）

對格萊思曼來說，這也是關鍵時刻；據他說，這是他大學時代排名第三的難忘經驗，僅次於畢業與參加全美足球冠軍賽。

研究發現，在你完成感恩拜訪後，會產生一股強烈的幸福感。在正向心理學的各種干預方式中，這是效果最顯著的一種。格萊思曼親身體驗到這種感覺，「那是一種奇妙的感覺，」他說，「我覺得自己幾乎是天下無敵的強者。」

更棒的是，研究指出，這種感受會一直持續，即使在一個月後，曾進行感恩拜訪的人依舊比對照組更快樂。

這真是驚人的發現！世上有許多讓人短暫快樂的事物——比如剛出爐的甜甜圈。但是一個月後依然能讓人開心的事，卻是寥寥可數。

小投資卻能產生大回報，這是「表達讚美」最棒的部分。音樂老師稱讚某個苦惱的學生唱歌動聽，業務經理贈送一副耳機作為獎勵，主管某天突然稱讚員工把儲藏室整理得井井有條。這些看似平凡的時刻，卻是受到稱讚者多年後依然會珍藏的記憶。

若你知道自己只要花一點時間，就能為別人帶來正面的影響，為他們創造難以忘懷的回憶，你會這麼做嗎？

現在你知道答案了。

你，會去做嗎？

第八章

創造更多的里程碑

為懶骨頭打造「五公里慢跑計畫」

一九九六年，二十五歲的喬許・克拉克（Josh Clark）剛跟女友分手，他情緒陷入低潮，於是開始慢跑。喬許一向討厭慢跑，但他心想，這次也許會有所不同。

結果並沒有，慢跑還是和以前一樣乏味又痛苦。然而這次他堅持下來了，最後，他說自己「猶如走出黑暗的隧道，重見光明。」跑步開始變得不一樣，如同冥想也能帶來放鬆的感覺。他簡直難以置信，他從未想過自己竟然會愛上慢跑。

他說覺得自己感受到「皈依者的熱情」，並且決定幫助其他人發現跑步的樂趣。他想，有沒有什麼方式能讓人「跨過那道門檻」，卻又不必像他那樣活受罪？他思索著，能不能給人們一些「輕鬆獲勝」的經驗？

克拉克著手進行幫助人們逐漸愛上跑步的計畫。他認為，人都需要目標，亦即令人期待的方向。直覺告訴他，五公里賽跑應該是不錯的目標，這種比賽是公開的社交活動，有競爭性又有趣（它們是巔峰時刻）。更重要的是，五公里是有可能達成的挑戰，因為大多數身體還算健康的人，都能夠走完五公里。

他將這項計畫命名為「懶骨頭五公里慢跑計畫」（簡稱「五公里計畫」）。這個計畫會讓一位懶散的沙發族，在九週內、每週訓練三次後，就能跑完五公里。初步的訓練並不難，包括慢跑六十秒與步行九十秒，交替進行二十分鐘，之後每次的訓練難度逐漸加強。

克拉克需要一位試驗者來驗證這項計畫，所以打電話給媽媽。她一開始不太想配合：「他試著說服我也參加那個跑步計畫。門都沒有！」她說。但她的母性本能發揮了作用，她勉為其難地試了一下，結果還真的有效。她發現：「我竟然不需要花很大的努力或投入太多時間，也能完成訓練，這讓我有點意外。」

媽媽的經驗讓克拉克受到鼓勵，便將這項計畫貼到他為跑者建立的網站上。那是一九九七年，網路才剛起步。「讓我驚訝的是，人們開始紛紛加入這項計畫，並互相討論，例如『我現在是第三週第二天，進展如何如何……』」克拉克說。

這些年來，「五公里計畫」越來越受歡迎，計畫中有幾個神祕之處。比如，第五週的第三天簡稱W5D3，這成了跑者圈中「惡名昭彰」的一天，這天的訓練強度會大幅提升。上一段的練習還是兩次為時八分鐘的跑步，中間還能走路休息；但W5D3則要求必須連續慢跑整整二十分鐘，這是參加者截至目前為止跑得最久的一次，也是讓所有跑者視為恐懼的關卡。

有個跑者在一篇名為〈可怕的W5D3〉部落格文章裡寫道：「我可以想到至少有十個地方，如果是以前的我，會停下來用走的，但這次我撐住了。我一路慢慢拖著步伐，直到重新調整好呼吸，又繼續加快跑起來。我辦到了！呅呼！」

二〇〇〇年，克拉克的網站吸引到一些廣告商，他便決定把網站賣給一家名叫「酷跑」（Cool Runnings）的公司，他則轉向從事軟體介面設計的專業工作。但這些年來，他一手打造的計畫呈現驚人的成長，數百萬人都聽過這項活動（如今稱為「C25K」），更有高達數十萬人參與過這個計畫。

克拉克收到無數封表達感激的感謝信，說這個慢跑計畫改變了他們的人生。他原本只是想讓大家體會跑步的樂趣，沒想到卻意外地為這些人創造出人生中的關鍵時刻。

數十億美元的預算被花在鼓勵人們運動的計畫上，然而這些投資卻幾乎形同浪費般的效果甚微。反觀這項簡單的計畫，卻成功說服了成千上萬人為了一場五公里的慢跑而努力訓練。這是如何辦到的？

關鍵在於：「我要更健康」這樣的目標既籠統又缺乏激勵意味。追求這項目標，就好比踏上一條既無明確目標、過程中也缺乏里程碑的旅程。而「五公里計畫」的設計有其規則，它充分運用了關鍵時刻的力量。

首先，報名參加這項計畫就是第一道里程碑——這是將自己的決心公諸於世的表現。接著，挺過難度極高的W5D3則是第二道里程碑。（如同上述文字所示，「我辦到了！吆呼！」這就是自豪的聲音。）最後，跑完五公里比賽就是個巔峰，完全具備了提升、連結和榮耀等元素。「三個月前，我連跑一百公尺都會喘；現在，我竟然變成能一路跑到終點的人！」

「懶骨頭五公里慢跑計畫」為參加者締造了更多里程碑，因此也大幅提升他們體驗到驕傲與自豪的時刻。同理，我們也能在生活和工作各方面運用這種策略，重新思考我們設定目標的方式，以體驗更多的關鍵時刻。

打怪過關的遊戲式學習法

史帝夫・康姆（Steve Kamb）這輩子就愛打電玩，甚至到了上癮的地步。他開始擔心自己是不是浪費太多時間在逃避現實的電玩世界裡。但後來他突然想到，或許自己可以善用這種成癮。如果他能夠弄清楚自己為何一玩起遊戲便欲罷不能，就能利用相同的原理，建立「勇於冒險，而非逃避」的人生。

他在《破關人生》（*Level Up Your Life*，暫譯）一書中，分析了這種一關接著一關升級的遊戲結構：「當你在第一關殺蜘蛛時，只要殺得夠多就能升級，接著便可以開始打老鼠。一旦你等級夠高，你就能挑戰『超級恐怖的惡龍』啦！」

破關的感覺很不錯，正因為如此，就算你從未打到最後一關，仍會樂在其中。想想看，不管是憤怒鳥、糖果傳奇，或大金剛系列遊戲的玩家，很少人真能打到最後一關，但大家還是樂此不疲。

康姆的獨到見解是：我們在設定人生目標時，往往只知道目的地，卻少了中間「升級」的里程碑。我們說「我要學吉他」，於是去上了一、兩堂課，買了一把便宜的吉他，在幾週內練習幾種簡單的和弦。然後，日子變得忙碌，七年匆匆過去了，我們忽然在閣樓裡發現這把吉他，心想：「我好像應該再來彈一下吉他。」發現了嗎？在過去練習的過程中，並沒有明確的分級階段，也就是缺乏里程碑。

康姆向來都很喜歡愛爾蘭音樂，曾幻想學小提琴。因此，他利用電玩遊戲的升級策略，藉此逐步達成目標：

第一級：每星期上一次小提琴課，每天練習十五分鐘，持續半年。

第二級：重新學習看樂譜，練完克雷格・鄧肯的凱爾特小提琴曲。

第三級：練習用小提琴演奏電影《魔戒首部曲：魔戒現身》裡的〈關於哈比人〉（Concerning Hobbits）。

第四級：和其他音樂家一起拉小提琴半小時。

第五級：學會用小提琴演奏電影《大地英豪》裡的〈海岬〉（Promontory）。

終極目標：在愛爾蘭的酒吧，當眾拉半小時的小提琴。

很厲害吧？他把一個模糊的目標——學會拉小提琴，轉化成具吸引力的終點——在愛爾蘭小酒吧裡演奏。更棒的是，在抵達終點之前，他還設計了五個值得慶祝的階段性目標。這就好比電玩遊戲，即使他在第三級就止步，他依舊有不少值得驕傲的時刻。這就像是糖果傳奇只玩到第三十關就停止，也依然令人回味無窮。

你能夠將這種策略運用在實現自己的目標上嗎？舉例來說，許多美國人都想學另一種語言。比如，「學西班牙語」正屬於這種過於模糊的目標，既缺乏明確的終點，也沒有中途的里程碑。若引用康姆的升級原則，我們便可將這趟學習之旅變成具有打怪升級的樂趣：

第一級：以西班牙語點餐。
第二級：用簡單的西班牙語跟計程車司機聊天。
第三級：閱讀西班牙文報紙時，至少能看懂一則標題。
第四級：能看懂一部西班牙文卡通的劇情。
第五級：閱讀一本幼兒園程度的西班牙文書籍。
終極目標：能夠用西班牙語跟會計部的費南度正常聊天，而不是只會說：「你好嗎？」

現在來比較上述計畫，和下面一般傳統的方式有何不同：

第一級：試著擠出時間讀西班牙文。
第二級：試著擠出時間讀西班牙文。
第三級：試著擠出時間讀西班牙文。

第四級：試著擠出時間讀西班牙文。
第五級：試著擠出時間讀西班牙文。
終極目標：總有一天會「懂」西班牙文。

哪個計畫看起來比較有趣？哪一種比較容易讓你在中斷之後還願意重新學習？哪個計畫你比較可能堅持到底？

緩慢累積的隱形勝利

我們若借用康姆的升級策略，就可以在達成目標的過程中出現更多激勵人心的里程碑，並期待即將出現的自豪時刻。反之亦然。你也可以去發掘那些你早已達成、卻未曾意識到的里程碑。

前面提到Fitbit為顧客設定慶祝健身有成的里程碑：例如「印度徽章」是祝賀你走完了一千九百九十七哩，因為這相當於印度國土的長度。（當然，達成兩千哩的步行距離也很值得慶祝，但「印度徽章」更有趣，也更令人難忘。）倘若公司沒主動告訴顧客這件事，大多數人根本不會發現自己已經走了這麼長的距離。

說來奇怪，人們就是那麼輕易地讓這類自豪的時刻溜走。以青少年運動聯賽為例，整個賽季中有各種理所當然的榮耀時刻，包括得分、獲勝等。但孩子們在技巧上的進步呢？當然，這些孩子大概知道自己經過一個賽季後會有些進步，但進步是緩慢累積的過程，幾乎察覺不到。你沒辦法將記憶倒回半年前，明確看見自己雙手連續運球的技巧精進不少。但影片是可以倒帶的。

如果每個籃球隊的成員，在賽後都能拿到一支參賽前後對比的影片，看看自己球技在賽季開始和結束時的表現，那會如何呢？相信他們一定會清楚看到自己的進步：「看！我那時還不太會用左手運球！天啊，我甚至連罰球都投不進呢！」這是多麼令人驚喜的自豪時刻啊——「瞧瞧我進步好多呢！」但可惜我們從未見過有哪位教練曾有這種直覺，為球員創造這樣的自豪時刻。

再想想一般夫妻是如何慶賀結婚紀念日的：旅行、享用大餐、互贈禮物，這些都是充滿了浪漫與情感連結的巔峰時刻，但自豪感呢？在夫婦共同完成某些事情，或一起達成某些任務的時刻，也值得好好慶祝。

我們認識一對夫婦，他們在婚後前十年的結婚紀念日時，都會記錄過去一年兩人共同完成了哪些事，像是：重新裝修房屋後側的臥房、招待整個家族來家裡吃感恩節大餐等等。他們也會記錄旅遊的點滴、最常見面的好友，更妙的是，連吵架的內容也寫在上頭！

丈夫說：「要回想去年發生過哪些嚴重的爭執，實在不適合玻璃心的人，因為你很可能會再吵一次。」但這種紀錄的確管用，因為它提供了兩人越來越懂得經營婚姻之道的明確證據。

結婚頭一年，兩人幾乎無所不吵。（舉個實例：哪些調味料可以放在餐桌上？）接下來三年，爭執日益減少；到了第五年時，他們只記得有過小口角，並未真正吵架。如今他們想到當初居然會為了調味料爭吵，只覺得好笑。

這是驕傲的笑容，象徵了榮耀時刻——「看！我們進步了多少啊！」我們猜想，要是沒寫這本日誌，這樣的時刻絕不可能發生。

中途站也很重要的「里程碑思維」

從前面的敘述不難看出，我們經常錯過為自己與他人創造榮耀時刻的機會。但問題來了：為什麼會這樣呢？

我們的理論是這樣的，我們被職場上的目標設定方式給洗腦了。高階主管經常設定類似下述的目標：「到二〇二〇年為止，我們的營收要成長到兩百億美元！」（順帶一提，這是真實的例子。根據我們對於企業高層的了解，此時此刻，世上大概有數百萬人，正為了一些只是因為數字唸起來順口而被訂下的目標努力著。）

類似的目標會再往下面的組織細分。以設定「到二〇二〇年為止，營收要成長到兩百億」的大目標後，其中某個業務單位可能就會被分配到一個較小的子目標：「到二〇一八年為止，南美洲的市佔率必須提升至百分之二十三。」然後這個單位就會研擬一堆計畫以求達成。

一個有具體數字的目標，加上子計畫。請注意，這種組合有個明顯的問題，那就是它的終點不太具有激勵效果，也缺乏有意義的里程碑。因此，為了達到「二〇二〇年、兩百億」的目標，勢必要投入龐大的心力，卻無法從中獲得任何成就感與榮譽感。

平心而論，這種「目標」與「計畫」的組合，的確能引導組織前進。但這些做法的重點，只在於讓人對工作負責任，而不是為了讓被要求的人感到有動力，或能樂在工作。

我們要小心，別讓這種設立目標的企業風格滲入我們的個人生活中，因為對於生活，我們是可以自己作主的。例如，「我要在兩個月內瘦五公斤」，就是一個典型的企業目標，充滿任意性、數字化，過程中也缺乏里程碑。

但現在你已經知道該怎麼做：找回里程碑，並且逐步升級。例如：連續一週都不搭電梯；週一到週五滴酒不沾，週末時可以喝兩杯精釀啤酒；如果我能連續跑完三首歌的時間，就可以下載三首新歌作為獎勵。諸如此類。

而且，終點也不該是「減五公斤」這種冰冷的數字目標，而是某種更令人期待的事物，諸如：「穿得下那條性感的黑色長褲（而且不會因太緊而腹痛）」。這樣一來，你的減重計畫變成一項好玩的任務，沿途會有多次破關的挑戰，而非只是每天站在磅秤上量體重。

那麼，在企業裡，我們能否以同樣的精神，打破只有「命令與控制」的文化？有智慧的領導者，能夠在邁向目標之路上設計出許多具有激勵性的里程碑。假設你的小組必須在第三季結束前，讓顧客滿意度提高兩成。這項目標也許不是你能決定的，但你仍可為團隊創造多個值得紀念的里程碑（請注意，它們不一定要按照下列的順序排列）：

＊第一道里程碑：收到顧客的感謝郵件或滿意留言。
＊第二道里程碑：連續一週的滿意度調查都沒有顧客只給一分（滿分是七分）。
＊第三道里程碑：成功解決上個月最常被投訴的問題。
＊第四道里程碑：達到目標的一半，滿意度提升了百分之十。

這樣的例子不勝枚舉。

若想找出類似這樣的里程碑，只要問自己：什麼事物本身就具有激勵效果？（例如收到感謝信）有哪些值得慶賀的成果，只要花上幾週或幾個月就可達成？（例如解決最棘手的客訴問題）有沒有哪些雖然不明顯，但值得被看見並加以表揚的成就？（例如整個星期都沒有拿到最低的一分評價）

同樣的邏輯，也適用於不那麼具體的目標，像是「培養領導力」。在大多數的企業中，「升遷」是唯一明確的「升級」。但如果員工要等五年才有升遷的機會，或者他根本不想、又或者不適合升遷呢？你要如何在過程中幫對方創造里程碑，讓這些人擁有成就感？

大型組織常會提到「能力指標」（competencies），亦即要做好某一件事，得先培養某個特定領域的能力，比如具備打造願景的能力（vision setting）、具有商業敏感度，或是有良好的資料分析能力。（是的，聽起來都很無聊。）

但與其給出模糊不清的指示，要員工「多建立商業敏感度」，我們其實可以提供一系列有意義的里程碑，以期達成目標（同樣也不需按照下面的順序進行）：

＊讓經營不善的產品線轉虧為盈。

* 讓下屬晉升至管理職位。
* 和其他部門合作解決某個業務難題。
* 有人誇你「召開的會效果很好」。
* 準確依照預算和時程，完成一項大型專案。
* 提出的想法被公司採納。

這些項目不是升遷的清單（並非做完這六件事就一定能升官），因為我們不可能訂出一個適用所有人、所有情境的清單。它們的真正作用是：為「成就」這件事畫張地圖。也就是說，這些是你可以展現價值與累積能力的各種方式，只要你做到了，我們就會為你喝采。

設計你的成就標記

達成里程碑會讓人感到驕傲，它也理當被慶祝，以建立提升的時刻。（別忘了，里程碑、低谷和轉捩點，是三種最自然的關鍵時刻，值得格外關注。）每個里程碑都該被視為巔峰時刻。

童軍就深諳此道。推行已逾百年的童軍榮譽勳章計畫，能在過程中設立多個里程碑——

這是慶祝的經典範例。當童軍完成一項任務、獲得勳章時，是在「榮譽庭」（Court of Honor）上公開頒贈，並接受夥伴們的喝采。這就是巔峰時刻。

空手道也是如此。從新手的白帶晉升到高手的黑帶，也大多會舉行公開的授帶儀式。那些能對某件事培養出終生熱情的人，多半也抱持相同的看法，不管他們是否意識到此事。

二〇一三年，在研究機構擔任行政主管的史考特・艾多（Scott Ettl），經友人推薦讀了一本關於亞倫・伯爾（Aaron Burr）的書。伯爾是美國第三任副總統，他廣為人知的事蹟，是在一次決鬥中，殺了同為政界人士的亞歷山大・漢彌爾頓，在書中，他被描繪成美國英雄。

數週後，艾多又讀了大衛・麥卡洛（David McCullough）為美國開國元勳約翰・亞當斯（John Adams）所寫的暢銷傳記，其中伯爾則被寫成負面人物。

接著，他又讀了喬治・華盛頓的傳記，這次書中對約翰・亞當斯的描述，又和麥卡洛不同。然而，一旦他將同樣的人物和事件讀了三遍（因為華盛頓、亞當斯和伯爾彼此都有重疊），艾多開始覺得：以前在學校所學的歷史，好像不那麼可信了。這些歷史人物的形象，不再是單一視角或充滿矛盾片面的印象，而開始有了立體的樣貌。

他欲罷不能。他本來就喜愛歷史，但這幾本傳記為他的熱情帶來了目標。某天，他對家人宣布，他打算依次讀完每一位美國總統的傳記。他說：「這不只是喜歡歷史而已，更像是一種探險。」這個探險有四十五座里程碑在等著他。

他在第一年就讀完前八或九任總統的傳記。但到了米勒德・菲爾莫爾（第十三任總統）那本，速度慢了下來。之後，拉瑟弗德・B・海斯的傳記讓他幾乎想放棄，他說：「你大概想不到有更爛的書了吧。」他花了一年才把那本書啃完。

這個挑戰隨著時間也逐漸有所改變。現在，每當艾多讀完一位總統的傳記，他就會去美國鑄幣局買一枚該總統的紀念幣，作為視覺化的進度標誌。後來，親戚們還會幫他買總統的親筆簽名送給他收藏。

還記得我們在第一章談到「藏寶盒」嗎？裡面會放舊獎狀、票根、日記之類的東西。而艾多的藏寶盒裝的是精裝書、年代久遠的紀念幣，以及泛黃的親筆簽名，這些都是他花時間慢慢讀完美國歷史的紀念物。有些值得驕傲的時刻本身就是最好的紀念品，它們具有特殊的魅力。

想想看，當你翻開護照看到上面的印戳，那種感覺是多麼美妙。僅僅是個墨漬，就能勾起你滿滿的回憶。（這樣說來，我們是不是該重新設計登機證？若你造訪舊金山，登機證的存根聯應該印上金門大橋的圖案，而非印表機印出來的紙張。）

艾多估計他大概還要花上兩、三年才能讀到現任總統的傳記。他堅定地說：「除非我死了，否則我一定會完成這件事。」

艾多說，一旦他追上進度，讀到現今總統的傳記之後，他打算帶家人參觀歷任總統的圖書館。換言之，一場探險的結束，就是另一場冒險的開始！（雖然我們有點懷疑，他有先問過孩子們的意見嗎？）

成功，源於「想衝過終點線」的堅持

下圖是芝加哥大學研究員的喬治・吳（George Wu）所繪製的圖表，彙集了全球包括在芝加哥、柏林等地舉行的馬拉松賽事，九百萬名跑者的完賽時間。你會發現，大多數跑者是在三個半小時至五小時內跑完全程的。

但請注意圖表的起伏相當劇烈，尤其是那些代表時間「臨界值」的垂直線，分別是在四小時、四小時三十分、五小時，依此類推。若

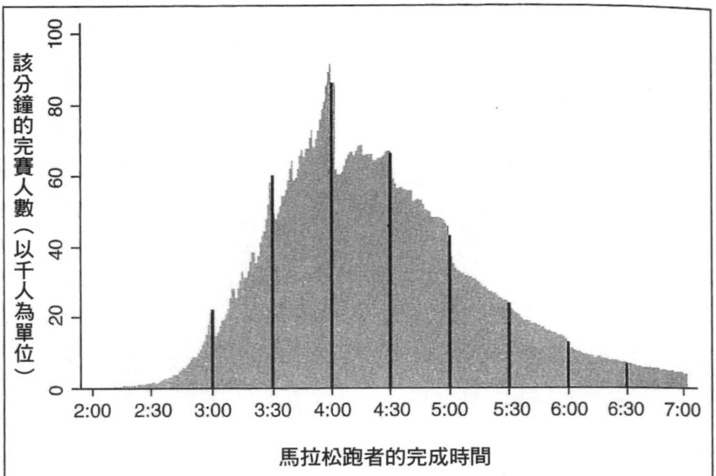

註：深色塊代表每個整點半小時（如3:00、3:30等）之前一分鐘內的完賽人數密度。

以這幾條時間線為基準，你會發現許多跑者會趕在臨界值之前跑完，而非之後。（滿四小時的分界線尤其明顯。）

這正是里程碑效應。因為無法忍受碼表上的數字超過四小時，快要虛脫的跑者在最後一哩路，會啟動了自身的後燃器衝刺。當然，里程碑其實毫無規則可言，畢竟三小時五十九分五十九秒和四小時之間的差異不大。但你我都明白其間的差異：即使只差零點零一秒，就是不一樣。（本書的其中一位作者有時晚上會在房裡走來走去，只為了湊滿那天要走的一萬步。聽起來很荒謬，但這是千真萬確的。）

大家都愛里程碑。

這也帶出最後一個重點：想達成里程碑的欲望，會激發了人們奮力一搏的力量。為了在四小時內完賽，你會衝刺跑完最後四分之一哩；為了達成當日一萬步的目標，就連在臥室裡你也要踱步。

身兼作家暨電腦科學教授的卡爾・紐波特（Cal Newport），花了數年時間研究成功人士的習慣。他說：「根據我的觀察，你會發現成功人士都有個共通點，就是他們都有『非完成不可』的執著。一旦某項計畫出現在他們眼前，他們念茲在茲就只想把它做完。」

成功，往往源自於「想衝過終點線」的堅持，而里程碑的意義，就在於驅使我們不放棄地再加把勁，因為：一、它們就在前方不遠處，二、我們會選擇它們，正因為它們是值得奔赴的目標。是里程碑定義了這些「能夠征服、也值得征服」的時刻。

童軍會再三練習張弓射箭，好通過測試以贏得箭術徽章；艾多會忍耐著讀完菲爾莫爾的傳記，因為他知道，下一本就是林肯了。他們都逐步朝終點邁進。

但最棒的是：我們並不是只能有一個終點。透過創造許多里程碑，我們把一段漫長且缺乏明確目標的競賽，轉化成中間擁有許多「終點線」的比賽。每當我們通過一條「終點線」，便會感到驕傲，同時也能產生奔赴下一個目標的動力。

第九章
鍛鍊勇氣

抗議種族歧視的黑人力量

一九六〇年二月十三日，由約翰・路易斯（John Lewis）、安琪拉・巴特勒（Angela Butler）與黛安・奈許（Diane Nash）帶頭的一群黑人學生，魚貫走進位於田納西州納許維爾市區的幾間商店，在只准白人用餐的小餐館裡找位子坐下。這是納許維爾市首次出現反對種族隔離的「靜坐抗議」。

「這群學生穿得就像要上教堂那麼正式。」約翰・路易斯說，如今他是喬治亞州的資深國會議員。在接受美國公共廣播電視台探討美國民權運動的紀錄片《放眼成果》（Eyes on the Prize）訪問時，他這麼說道。「因為店家不肯為我們服務，於是我們就坐在餐廳裡念書、寫功課，直到店經理下令關閉餐館，停止營業。」

「這是我們第一次靜坐抗議，場面其實還滿滑稽的，女服務生緊張得不得了，那天店裡摔破的餐具大概值兩千美元。」黛安・奈許說，「那畫面簡直就像卡通一樣……她太緊張了，撿起一個盤子，又不小心摔掉一個，她只好再撿，然後又掉在地上。」

這群學生全都溫和有禮，首場靜坐最終和平落幕。翌週的第二次靜坐也一樣順利結束。但到了二月二十七日第三次行動時，情勢變緊張了。許多年輕白人湧入店內開始起鬨，並且騷擾學生，有幾名靜坐的學生甚至還被人從椅子上拉下來毆打。當警察抵達現場時，他們逮捕了七十七名黑人學生，罪名是「在外遊蕩」和「妨礙治安」，但沒有任何一位白人挑釁者被抓。

這些學生後來被判妨害秩序罪成立。約翰・路易斯和其他幾名學生拒繳五十美元罰鍰，他們寧可坐一個月的牢。

此時，學生們的父母得知子女被關進監獄大為驚駭，便呼籲黑人社群支持一個新行動：抵制市中心實行種族隔離的商店。「我們不該默許這個亟須改變的制度，」學運分子里歐・禮納德說，「我們認為，假如商店全都沒人光顧，老闆會因為收入銳減，然後向市長及納許維爾的政治體制施壓，這樣自然就能改變法規和政策。」

幾週後，四月十九日的清晨，為黑人學生辯護的律師Z・亞歷山大・路比（Z.

Alexander Looby）家中被扔進炸彈。這場爆炸威力極大，連位於對街大學宿舍的一百四十七片窗戶都被震碎。但路比和妻子睡在後方的臥室，奇蹟似的毫髮無傷。

這起暗殺行動激怒了黑人社群。幾名黑人領袖號召民眾走上街頭，前往市政廳示威。「聚集的人潮越來越多，我們開始遊行，學生們也從校內餐廳走出來。」C・T・維維安（C. T. Vivian）牧師說道：「我們把傑弗遜大道擠得水洩不通……路上全是中午時分出來休息的白人員工，他們從沒見過這種景象，四千人無聲地走在街上，你聽到的，就只有他們的腳步聲。這群白人員工不曉得該怎麼辦才好，只能退到牆邊站著看。他們既恐懼又震驚，不知所措，但他們知道，這股意志是阻擋不了的，也是不能隨便唬弄或輕視的。」

維維安牧師和黛安・奈許站在市政廳的台階上，在越聚越多的群眾面前，當面質問市長班・韋斯特。奈許問道：「韋斯特市長，你覺得只因為一個人的種族或膚色就歧視他，是錯的吧？」韋斯特也認為這樣不對。

奈許接著繼續問：「那麼餐廳是否該取消種族隔離？」

「是的。」韋斯特市長只得鬆口承認。

市長的回應令許多白人大為光火，但三星期後，納許維爾的餐廳紛紛取消種族隔離政策，這是有史以來，黑人和白人首次能一起用餐。用餐空間取消了種族隔離，是早期美國民權運動的重大勝利。

這份勝利是建立在勇氣之上——是一群願意面對羞辱、暴力與入獄的學生鼓起勇氣抗爭，拒絕這種不道德的對待。對這些學生來說，坐在餐廳裡是人生的關鍵時刻；而他們的努力結成了果實，也成為國家歷史上的關鍵時刻。

儘管這個故事耳熟能詳，但還有段鮮為人知的背景：這群示威學生展現的不只是勇氣，他們在上陣前還先排練過。說到此處，就得介紹另一位民權運動的重要人物：詹姆斯・勞森（James Lawson）。

勞森是衛理公會的牧師，曾遠赴印度向甘地的門徒學習非暴力抗爭的技巧。他搬到納許維爾後，便開始培訓人才，其中有不少人日後成為美國民權運動的領袖，包括路易斯和黛安・奈許等人。

勞森堅信抗爭需要做足準備，他曾說：「當你帶領二十五人上街示威時，總不能讓大家各做各的。他們得遵守相同的紀律。對我來說，這就是關鍵所在。非暴力抗爭之所以常常失敗，就是因為人們忽略了嚴格紀律和訓練的必要。」

勞森開設工作坊，為抗議者提供訓練。歷史學者泰勒・布蘭奇（Taylor Branch）寫道：「他告訴群眾，遇到突發狀況時該如何因應；該怎麼避免觸犯『遊蕩罪』；如何有秩序地分批走進／走出餐廳；如何在友人離開座位上廁所時快速補位；甚至還教大家穿著打扮：女生穿絲襪和高跟鞋，男生要穿西裝外套與打領帶。」

但勞森不光是提供建議，他還堅持學生要進行角色扮演練習。他仿照餐館搭建了模擬場景，請學生坐在椅子上。然後派幾位白人「臨演」走近這群學生，先盯著他們瞧，後來越靠越近，對他們大聲謾罵，把菸灰彈在學生的頭髮上，把學生推倒在地，甚至拉扯他們的衣服。

這些模擬攻擊雖然粗暴，卻非常重要。勞森想先幫學生在內心打預防針，讓他們訓練出一種反射動作，能壓抑本能中的戰（反擊）或逃的衝動。所以當約翰・路易斯和同伴真正坐在餐廳時，大家都準備好了，他們守紀律、有禮貌、沉著鎮定。他們當然還是會害怕，但他們已經學會克制恐懼。誠如馬克・吐溫所言：「勇氣並非無懼，而是能對抗恐懼，戰勝恐懼。」

勇氣是可以訓練的

每當人們回憶一生中最自豪的時刻，總是會先從心中最愛的時刻講起，例如結婚、孩子出生、孩子大學畢業。這些都是很自然的關鍵時刻。

再者，人們也喜歡分享贏得成就的光榮時刻：突破障礙、贏取勝利、獲得成功。我們在前面兩章討論過創造更多自豪時刻的方式：首先，是藉由認可他人的成就；其次，在邁向目標的路途上，樹立更多里程碑。

我們為心中所愛之人感到驕傲，也因自身的成就而自豪。但這當中還有件事忘了提：請試著回想人們是如何敘述其他的自豪時刻？「我為某人挺身而出。」「即使飽受責難，我仍堅守信念。」「我為我相信的價值而戰，絕不屈服。」這些話語並非用來描述像獎狀或證書類的「成就」，而是展現勇氣的時刻。

相較於一般的自豪時刻，展現勇氣的時刻似乎更難被「創造」。畢竟，我們可以決定是否要稱讚某人，也可以選擇在何時、用什麼方式設立里程碑。但需要勇氣的時刻往往來得突然，而且稍縱即逝，讓人措手不及。等到時機過去，我們才懊悔自己那時沒能站出來說些什麼或做點什麼。

我們或許無法「製造」勇氣的時刻，但本章所探討的是，我們可以鍛鍊勇氣，以備不時之需。如此一來，在需要勇氣的那一刻來臨時，便可從容應付。

軍隊深諳這個道理。心理學家S．J．瑞奇曼（S. J. Rachman）在一篇有關軍隊訓練的報告裡寫道：「所謂的『勇氣訓練』，在人們執行如救火或跳傘等危險任務時，能發揮關鍵作用。」

瑞奇曼曾經研究在北愛爾蘭交戰期間，負責拆除簡易爆炸裝置的士兵。這無疑是極度危險的工作。從一九六九至一九八一年，士兵共處理了三萬一千多起爆炸裝置，其中有十七位組員在執行勤務時殉職。

瑞奇曼發現，「持續練習勇敢行為」能有效降低恐懼，提升自信。他指出，新手拆彈員必須先通過一系列模擬實景的訓練，而這項訓練對於自信心有驚人的影響。在模擬訓練完成後，新手拆彈員的自信心已經達到資深拆彈員的八成。對於從未在現實生活中拆解過炸彈的人而言，可謂信心十足！（他們並非盲目自信或過度樂觀，畢竟他們工作的危險性跟經驗豐富的老鳥是一樣的。）

這項訓練為何成效卓著？瑞奇曼表示：「其中有個關鍵，訓練過程是根據日後可能遇到的危險任務，按照難易度，漸進式地練習。」

「按照難易度，漸進式練習」正是「暴露療法」（Exposure Therapy）的重點。這項療法是目前對付恐懼症（毫無道理的害怕）最有效的方式之一。在一項由傑森・密施卡斯基（Jayson Mystkowski）主導的研究中，研究人員對極度害怕蜘蛛的人實施暴露療法。

實驗剛開始時，受試者被要求盡可能靠近玻璃箱裡的狼蛛，距離以自己能忍受的極限為準，通常平均是三公尺。接下來的實驗分成十四個步驟，要求受試者訓練勇氣。每個步驟會先由研究人員示範，等受試者做好心理準備，再跟著照做。以下稍舉數例：

第一步：站在離玻璃箱三公尺處。

第三步：將掌心貼在裝有狼蛛的密閉箱上。

第七步：用小支畫筆引導狼蛛移動五次。

第九步：讓狼蛛在穿戴著厚手套的手上爬行。

請注意，這是一項漸進的計畫，每個階段都是具體且值得驕傲的突破時刻。（「你一定不信，我今天有碰了狼蛛耶！雖然是用畫筆，但這也算啊！」）

一長串過程在第十四個步驟，迎來了最終挑戰：讓狼蛛在受試者未做任何防護的手上爬行。你猜這些原本對蜘蛛怕得要死的人，從完全無法靠近玻璃箱，到能夠讓蜘蛛在手上爬行，得花多久？數週？還是幾個月？

平均只要兩小時。而且，每位受試者都成功辦到了。更令人驚訝的是，半年後他們仍然敢碰觸蜘蛛。

該研究的主要負責人凱薩琳娜・豪納（Katherina Hauner）說：「在接受治療前，有些受試者甚至都不敢走在草地上，因為他們怕會碰到蜘蛛。或是如果覺得屋內有蜘蛛，就會好幾天都不敢踏進家門。」

事實上，我們也能在生活中複製「暴露療法」。比方父母想要幫助孩子對於狗狗的恐懼時可以這麼說：「你看那隻米格魯在做什麼，看起來好可愛喔……你想看牠咬玩具嗎……牠現在坐下來了，你想不想摸摸牠毛茸茸的背呀……牠喜歡吃零食，要不要餵牠一塊啊？」要不了多久，小孩就可以跟狗狗變成好朋友了。

掌控恐懼（這是暴露療法的目標）是「勇氣」不可或缺的部分。不論是民權運動示威者或拆爆專家，都必須學會控制恐懼，才能圓滿達成任務。但勇氣不光是壓抑恐懼而已，還得知道當下該怎麼做。

還記得勞森教導學生，該如何避免違反遊蕩法、如何有秩序地分批進出餐廳、如何接替要去上廁所的同學等細節。他的訓練，不只是為了強化人們的心理韌性，更是進行「預演」。他讓學員事先預想一旦遇到特定狀況，該做何回應。某種程度上，他們是「預先載入」一種應對模式，讓自己在關鍵時刻，能不經思索地迅速行動。

心理學家彼得・高維查（Peter Gollwitzer）研究過「預載反應」對人類行為的影響。他發現，如果人們事先做出心理承諾——例如「某事（X）發生了，我就會做（Y）」——他們就更有可能朝目標前進，遠勝於那些內心未做這樣打算的人。舉個例子，某人決定要少喝酒，不妨表明決心說：「以後只要服務生問我要不要再來一杯，我就點氣泡水。」這樣的人，比同樣想少喝酒但沒做出計畫的人，更有可能成功抵擋誘惑。

高維查把這類計畫叫做「實踐意向」（implementation intentions），觸發條件通常簡單到只要確定時間和地點即可。比方說，「我今天下班後，要直接去健身房。」這樣的預設行動方式，成功率高得驚人。只要設定實踐目標，準時交出報告的學生人數就會多出一倍；在某個月做乳房自我檢測的女性人數也會翻倍；而做完髖關節／膝關節置換術（許多其他手術也一樣）的病人，康復期也縮短了一半。由此可見，預載反應的確有效果。

這種預載反應的力量，往往是組織在面對需要勇氣的情境時所欠缺的。當同事或客戶貶低某人、說出不當言論，甚至提出不道德的建議時，而我們往往因為太過震驚，來不及做出反應。十分鐘後，我們才開始懊惱，怪自己當時應該說點什麼，但那個時機已然錯過了。

這些錯失良機的經驗，使得詹玫玲博士（Mary Gentile）重新思考學校是如何教導倫理課程的。詹博士任教於維吉尼亞大學達頓商學院，深知倫理教育只是為了回答一個問題：「什麼是正確的事？」但問題是，人們往往知道什麼是對的，難的是「該如何做正確的事」。

「我們都可以想出許多不易辦到的藉口，」詹玫玲表示，「覺得勢單力孤；懷疑自己是否太天真；怕自己搞錯（或寧願相信是自己搞錯）；擔心主管能否接受；我們預期會遇到阻力，屆時不知該如何應對；我們還擔心如果表現得不合群，可能會被排擠，甚至有更糟的結果。」

因此她認為，倫理教育的重心不該放在「什麼是正確的事？」而是要教人「該如何做正確的事？」她開設一門名為「表達價值觀」（Giving Voice to Values）的課程，目前已有超過一千所學校與機構上過這門課。

這套課程的重點在於「練習」。你先辨識出哪些情況有違倫理道德，預先思考對方可能會提出哪些理由來合理化那些行為，然後你寫下可以採取的回應或舉動，並和同儕反覆演練。

若領導人真正想培養企業的道德文化，而不只是夸夸空談「價值聲明」，可以從詹博士的策略獲得啟發，把實際練習當成優先事項。因為那些導致不道德行為的情況其實並不難預測：當業績壓力超大，管理階層又選擇睜一隻眼、閉一隻眼時，便會出現偷工減料甚至違法造假（想想銀行界的醜聞）；當責任歸屬不清，卻又要求立即見效，就很容易出意外（想想大規模漏油造成的浩劫）。主管的偏見、固執或性別歧視，在過度縱容的環境裡發芽，就必定會出現不當情事，造成傷害。

這些並非少數特例，而是極有可能發生的狀況。既然可以預見，就能經由預測和練習來加以克服。詹玫玲說：「就像運動員反覆練習動作以建立肌肉記憶，我們要做的，就是讓『勇敢為理念發聲』變成我們的預設反應。」

勇氣的連鎖效應

美國葉史瓦大學的神學院學生，正和一群演員進行角色扮演，模擬他們日後成為拉比時，可能會面臨的棘手狀況。據《紐約時報》的保羅・范提洛（Paul Vitello）報導，這些演練場景往往複雜又有強烈的情緒張力，例如和有輕生念頭的青少年聊天、安慰因為年老而感覺毫無尊嚴、備受忽視的沮喪老婦、為童年曾遭性侵的被害人提供輔導，或告訴某位男子，他太太在造訪猶太教堂時因動脈瘤去世了。

上述的最後一個情境，是讓二十四歲的學生班傑明・胡本（Benjamin Houben）進行模擬。范提洛這樣描述當時的場景：「為了演好這一幕，胡本在教室外站了一會兒，試著揣摩死亡的感覺。他走進教室，臉上滿是哀戚神色，希望這個表情能傳達他即將說出口的壞消息。但對戲的演員不肯讓他輕鬆過關，他還等著被告知死訊，接著用胡本所說的『厲害技巧』演出崩潰的模樣。胡本在重述這一幕時，整張臉彷彿又沉了下來……他說自己從這場戲裡學到的教訓是：你對人們說出真相時，他們可能不相信。這個打擊太大，他們可能需要很長一段時間來慢慢消化。而且在那之後，一切只會變得更糟。」

起初練習並沒有請演員加入角色扮演，而是由學生們互相模擬。但這樣的方式有個問題，那就是：不夠真實。身兼拉比和神學院院長一職的梅納罕・潘納表示，「那只能算是教學，卻不是體驗。從書上讀到的知識，和親身經歷不一樣。而演員能創造出一定程度的張力，這種張力能讓角色扮演的練習更具價值。」

所以，練習勇敢的重點，是確保將來面對類似情事時，能真正展現出勇氣。納許維爾市的非暴力抗爭訓練中，勞森召來的臨演會對抗議的學生大聲咒罵、嘲弄、推擠。而神學院的學生則要面對一群尖叫、哭喊、甚至情緒崩潰的專業演員，即便學生們心裡知道這不是「真的」，但當下的感覺卻是非常真實的。

透過這種高度緊張又必須謹慎處理的對話練習後，學生們建立了信心。「我們發現，學生只要有練習，就算只練過一次，一旦真的碰到類似情況，也會冷靜許多，態度從容。」潘納說。在這種痛苦的情況下要給予協助，確實需要勇氣，而這份勇氣，是可以透過練習培養的。

大部分公司中的員工，雖然不至於要處理這種重大狀況，但人生難免會碰到得硬著頭皮溝通的狀況。你要如何挺身面對專橫的主管？要如何對重要的客戶說「不」？該如何資遣可能會因為被開除而情緒失控的員工？又該如何解雇儘管忠誠、但公司已不再需要他這個職務的員工？

每個行業都遇到挑戰情緒的情況，雖然原因各不相同：機場櫃台人員必須幫助因遲到一分半鐘而錯過轉機航班，為此憤怒不已的旅客；老師必須告訴家長，他們的孩子不守規矩；理財專員必須告知年邁的寡婦，由於股市狀況不佳，她的養老金損失了百分之二十。

練習能平息焦慮，讓我們在關鍵時刻保持清晰思考。如果缺乏練習，即使我們心懷善意，也可能因為緊張而失常。以美國的反毒教育（Drug Abuse Resistance Education, D. A. R. E.）為例，這項計畫始於一九八三年，邀請警官進入校園宣導毒品的害處，讓學生在生活中遠離毒品。這是立意良善、被廣受採行的毒品防制計畫，但根據多項研究顯示，這樣做根本無效。一項綜合分析發現，參與D・A・R・E計畫的青少年，吸毒機率跟未參與者差不多。

為什麼會這樣呢？根據皮姆・屈伯斯（Pim Cuijpers）的研究中指出，真正有效的反毒計畫，都必須採取互動方式，未這樣實施的計畫則無效。也就是說，學生若想抗拒毒品的誘惑，就必須有機會練習拒絕的勇氣。知道「什麼是正確的事」並不難，難就難在「該如何做」。十六歲的孩子參加派對，難免會有人用酒或大麻引誘他。假如他們從未練習過當下該怎麼做或怎麼說，他的決心就有可能在那個瞬間動搖。

青少年可能未意識到，一旦他們拒絕吸毒或喝酒，其他人便容易起而仿效。勇敢的行為，有助於強化其他人的意志力。有位高階主管就舉例說明，他如何在工作中運用這種觀點：「在開會時，我通常會先安插一位『臥底』的人，負責提出尖銳的問題。那種問題是大家都會在私下討論，卻不敢真正提出的問題。我這麼做，是為了讓大家知道，在會議中，是可以暢所欲言的。」他會擔心員工保持沉默、有意見卻不敢表達是有道理的。有項研究指出，百分之八十五的員工表示，儘管他們覺得某件事很重要，但仍無法坦率地向主管提出疑慮。

這位由主管安排的「內應」率先提問，這種解決方式也有實證支持。查爾蘭・納梅（Charlan Nemeth）與辛西亞・喬爾思（Cynthia Chiles）曾進行一項重大研究，證明了勇敢的行為，能鼓舞他人也變勇敢。

試想你是該項研究的參與者，你和另外三人被分到同一組，研究人員讓你們看二十張幻燈片，每放完一張便會停下來問每一個人，剛才那張是什麼顏色。這很簡單——所有幻燈片都是藍色，你們四人被問了二十次，也都回答是「藍色」。

然後，你被分到另一組。同樣是四個人，也是剛剛同樣的任務。不過，這次第一張幻燈片是紅色，但另外三名同伴都說它是「橘色」。你會怎麼回答？它看起來的確是紅色，但有沒有可能是你錯了？之後又出現十九張紅色的幻燈片，其他組員每次都說那是「橘色」，然後你每次都必須在眾目睽睽之下說出答案。

如果你在這種情況下仍能堅定不移——或許你真的可以做到——那你是極少數者之一，因為大多數的受試者都選擇附和。據統計，他們在二十張幻燈片裡，平均有十四張會說是「橘色」，也就是順從大多數者的錯誤看法。（你大概已經猜到，另外三位說紅色投影片是「橘色」的成員，也是研究團隊的「臥底」。）

研究還進行了另一組實驗，但不同的是，在第一輪觀看藍色幻燈片時，安排了一位臥底，他會說藍色投影片統統都是綠色——姑且稱他為「勇敢但犯錯的人」吧。其他三位正常的受試者聽到他的回答，可能會覺得對方是色盲吧，三人都堅定地回答是「藍色」。

到了第二輪，則出現了驚人的變化。受試者觀看了紅色的投影片，其中三名「同夥」從頭到尾都說是「橘色」。但這次，受試者不輕易妥協，他會堅持自己的意見，在二十張投影片中，平均有十七張幻燈片會被說是紅色的。

請注意，雖然他們從未練習過勇氣，卻仍舊勇敢。他們只是親眼目睹勇氣的出現——那位「勇敢但犯錯的人」，儘管搞錯了顏色，但他勇於表達異議的舉動，無形中強化了其他受試者的決心。研究人員總結道：「即便少數派的不同觀點是錯誤的，但接觸這種觀點仍有助於幫助培養獨立思考的能力。」

就這個例子而言，壞消息是：我們的本能是會屈從於多數人的意見。如果大家都說紅色是橘色，我們會認為一定是自己搞錯了，也跟著附和說是橘色。

但好消息是，只要有一個人敢挺身反抗，我們也會變得勇敢。我們不再孤單，也不會覺得自己失去理智，也可以有勇氣說：這是紅色！

簡而言之，勇氣是會傳染的。從抗爭活動到日常行為；從美國民權運動乃至回答員工提出難以回答的問題，這些都在在告訴我們一個道理：要做個勇敢的人很困難，但透過練習，就會變得容易。一旦你挺身而出，其他人便會加入你的行列。

想想看：當你展現勇氣的那一刻，或許正是他人的轉捩點——那是一個訊號，告訴他們：紅色就是紅色，錯便是錯，只要我們一起挺身而出，並肩對抗，就能撥亂反正。

榮耀時刻

一、為人們的成就表示慶賀，便是自豪時刻。我們會挺起胸膛，下巴抬得高高的。

二、有三種實用原則，可用來創造更多的榮耀時刻：⑴表揚他人的成就，⑵創造更多有意義的里程碑，⑶練習勇氣。第一種原則是為他人創造關鍵時刻，後面兩種則是為自己創造關鍵時刻。

三、我們非常吝於表揚別人。

【實例】研究者卡洛琳・懷利發現，有百分之八十的主管認為自己經常表達謝意，但贊同這種說法的員工不到百分之二十。

四、有效的讚美是個人化的，而非制式化。（「本月最佳員工」這種形式，效果不大。）

【實例】禮來公司的瑞辛格採用「量身打造的獎勵」（例如：Bose的耳機），用這種方式告訴團隊成員：你所做的一切我都看到了，也非常感謝你。

五、讚賞的特色是：付出微小的努力，就能給接受者帶來巨大的收穫。

【實例】中學生凱拉．史露普聽到音樂老師說她的嗓音很美，人生就此改變。

六、想為自己創造自豪的時刻，應該增加更多有意義的里程碑，亦即在漫長的旅程中，畫下許多條「終點線」。

【實例】作家康姆設計了各種「升級」方式。比如「學會演奏《魔戒首部曲》裡的〈關於哈比人〉那首曲子」，作為練習小提琴這項長期目標的階段性成果。

七、我們也可以挖掘那些原本會被忽略的里程碑。

【實例1】假如每位青少年運動聯賽的成員，都拿到一支參賽前後對比的影片，了解自己的進步，那會如何呢？

【實例2】以數字為主的組織目標是責任機制的好工具，但聰明的領導者會在邁向目標的過程中，設置更多能激勵人心的里程碑。

八、展現勇氣的那一刻，會讓我們引以為傲。儘管我們無法預知何時必須鼓起勇氣，卻可以先練習，以確保自己能臨危不亂。

【實例】在納許維爾市的餐廳靜坐抗議的學生，不只展現了勇氣，他們還事先排練過。

九、練習勇氣使我們得以「預先設定」自身的反應。

【實例】詹玫玲博士對於「倫理學」的觀點是：我們通常知道「什麼是對的」，卻不知道「該怎麼做」。

十、勇氣是會傳染的，而我們採取行動的那一刻，可能會激發成為他人的關鍵時刻。

〔案例4〕 當主管突然發現自己是混蛋

狀況

某間公司的財務長，姑且稱他馬克，他剛看完「三百六十度回饋」的意見，結果並不好。馬克知道公司裡的人不喜歡他。他自詡是實話實說型的主管，他常說：「領導不是為了比人氣。」即使如此，他看到這些回饋意見時還是嚇了一跳。

在員工的眼中，他不是坦白直率的主管，而根本就是混蛋。大家都說，他很少傾聽，總是打斷別人的話，只顧著說自己的觀點。他對別人的意見嗤之以鼻，從不道歉或承認錯誤。回饋的其中一句尤其刺痛了他的心：「馬克目前是公司裡唯一毫無可能成為執行長的高階主管，理由很簡單——因為執行長是最重要的領導職位，但沒有人會想跟隨馬克。」

核心問題

馬克在剎那間發現了真相。（「三百六十度回饋」的意見提供了：⑴清晰的洞見⑵瞬間出現的震撼⑶由當事人自己發現真相）一開始看到這些意見時，他還認為這只是心懷嫉妒的同事在酸言酸語罷了。但看到最後，他的防線崩潰了。他明白同事們說得沒錯：他確實一直都表現得像個混蛋。他也發現，不論是在這家公司或其他地方，他都不可能成為執行長，除非他改變自己。所以他下定決心改頭換面。問題是，要怎麼做？

如何創造關鍵時刻？

這裡沒有自然出現的轉折點，這正是問題所在。據知名的企業主管教育家暨教練馬歇爾・葛史密斯（Marshall Goldsmith）表示，他有一些客戶的確改善了壞行為，卻沒有任何人注意到此事，因為在同事眼中，他們早已被定型成「混蛋」了。

葛史密斯想到一個辦法：他建議這些客戶開一場會議，在會議上向同事道歉，保證自己會改過，請大家助他一臂之力。

馬克聽從葛史密斯的勸告，安排了一場會議，如實照做。這就是關鍵時刻——代表「舊我」與「新我」之間的轉變。

一、加入「提升」元素：

馬克的會議，雖然不是令人歡欣鼓舞的巔峰時刻，但具有坦率懺悔的性質：⑴提升了情境的嚴肅程度⑵顛覆了日常腳本，這正是創造「提升時刻」的其中兩項特質。

二、加入「洞察」元素：

◆ **瞬間發現真相**：最初的洞察時刻是在馬克收到「三百六十度回饋」時。這也是第一個關鍵時刻，並引發第二個關鍵時刻（那場召集同事門召開的會議）。

◆ **離開舒適圈，獲得洞察力**：這次會議的重點是「馬克保證會徹底改變」。這對他來說是一種冒險——他很想改變，但不確定自己是否能辦到（而且坦白說，連同事也都很懷疑）。但無論他最終成功與否，這段過程都會讓他更了解自己。

三、加入「榮耀」元素：

◆ **馬克應該對這場會議感到驕傲**：要坦然面對自身的錯誤、願意負起責任，是需要勇氣的。會議結束後，他也可以開始為日後的自豪時刻奠定基礎。

◆ **訓練勇氣**：即便馬克主動請同事協助他改變時，他也知道，要同事們當面指出他是混蛋這件事，是很困難的。

◆ 想像馬克是這樣開場的：「今天我請大家過來，是因為我希望從此時此刻開始，我不再表現得像以前的馬克一樣，是個不肯聽人說話的混蛋。我會努力成為新的馬克。如果你們看到我又表現出跟以前一樣討人厭的舉動，請當場告訴我，我會非常感激。」

這種說法為何會有幫助？回想一下詹玫玲博士關於道德困境的研究。她指出：在道德關卡面前，真正困難之處不在於「該做什麼」，而是不知道「該如何回應」。因此，預先設定好我們的回應方式（preload the response）是有幫助的，透過「舊馬克／新馬克」的語言框架，等於他已經幫同事預設了他在表現出行為偏差時，能幫助同事提醒他避免重蹈覆轍時的話語。（這個好點子來自塔莎．歐里希❸的貢獻）。

- **建立更多的里程碑：**試想馬克訂定一個目標：「連續參加十場會議，中間都不打斷任何人的發言，同時請同事幫忙監督他。」這樣的做法不但讓緊張的局面增添些許趣味，也提供一個值得慶祝的驕傲時刻。

四、加入「連結」元素：

- **使連結更深刻：**馬克召開的會議，是「展現脆弱」的行為，而脆弱正是親密關係的先決條件。當同事們看到他卸下防備時，才能真正看見他只是個有缺點的普通人，而非十惡不赦的混蛋。
- **創造共享的意義：**這次會議提供集體見證的時刻——所有同事都一起參與，見證他的承諾。這讓轉變的分界點更明顯，也強化了馬克改變的決心。

總結

此處的洞察重點是：一位不受歡迎的領導者，必須主動創造一個關鍵時刻。

如同葛史密斯所說，即使一位主管真的改變了自己的行為，但如果沒有任何人發現，仍無法修補人際關係的裂痕。因此有必要創造關鍵時刻，好讓這一刻變成重新設定的分界點。

❸ 譯註：Tasha Eurich，著有《深度洞察力》（時報出版）。

Part 1 提升時刻

Part 2 洞察時刻

Part 3 榮耀時刻

Part 4 連結時刻

引言

我們迄今已經見到許多關鍵時刻：高三生簽約日、翻轉婚禮的儀式、人性審判、納許維爾餐廳的靜坐示威、從社區開始進行禁止隨地便溺的干預手法，以及強鹿公司的「到職日體驗」。如你所見，這些時刻充滿了提升、洞察與榮耀，但它們也是與人進行互動的時刻：因為有其他人在場參與，這些時刻才更令人難忘。

連結的時刻能使人際關係變得更緊密，例如你才認識某人不過短短一天的時間，卻已經告訴他內心深藏的祕密；你和他人一起歷盡艱辛，建立起堅不可摧的情誼；你的婚姻正處於低潮期，直到某天另一半做了一件非常貼心的事，讓你再也無法想像能愛上別人。

當然，並非所有的社交互動時刻都會變成關鍵時刻。想想你上次在小組會議時看到的簡報，我們可以大膽推測，那應該不會是產生連結的好時機。那麼，到底什麼樣的時刻能夠強化人與人的連結？我們又該如何創造更多這樣的時刻？

我們將先從群體關係開始探討，像是組織中的團隊想要重新找回使命感、信眾參與神聖儀式，以及一群朋友開懷大笑。（讀完下一章，你對「笑」的想法一定會有所改觀。）群體成員之所以變得親密，是因為在某些時刻創造出共同的意義（見第十章）。

接著，我們會在第十一章探討個人關係。有位心理學家表示，無論是丈夫和妻子、公司和客戶、教師和家長，抑或醫生與病人之間的關係，若想成功都需要「獨家祕方」。這位心理學家的著作也在討論之列。我們還會舉出一個神奇又難以想像的狀況做例子：兩個陌生人，在四十五分鐘內結為莫逆之交，只因他們按照精心安排的一連串提問進行對話（你也可以自行下載題目試試）。

最後，在全書的最末章節，我們將深入研究那些能讓彼此產生緊密連結、令人難忘的時刻。

第十章
創造共享的意義

同步＋奮鬥＋使命，打造群體的關鍵時刻

一九九八年，索妮亞·羅茲陪同逐漸康復的父親出院，他因為嚴重胃出血住院八天。索妮亞非常感激救了父親一命的醫護人員，然而，父親待在醫院裡的治療經驗使她相當不安。

她父親跟另一個陌生人合住在一間狹小的病房裡，許多醫護人員輪流進出，卻常常沒表明自己的身分。她說：「你根本不知道那人是醫生、護士、送餐人員，還是換床單的人。」這些人極少自我介紹，更不會解釋自己正在做什麼。

住院靜養期間，她父親遇到了一次原本應能預防的跌倒事件。儘管他才剛輸了兩千毫升的血液，頭昏眼花，院內人員仍要求他站起來。羅茲陪在父親身邊，原本她只是想在住院期間給他陪伴安慰，後來卻必須隨時保護他的安危。她說：「我覺得自己身為家屬，必須守在

那裡，搞清楚每一次進病房的人是誰。你是哪位？手上拿的是什麼？」醫護人員和病人之間的互動，似乎都欠缺基本的關懷。羅茲說：「他們對待我爸的方式，好像他只是個虛弱的老頭……我很想告訴他們，他可是個是物理學家，還經營一間製造人造衛星的公司！」

這次經驗帶給羅茲極大的震撼，不光因為她是病患的女兒，同時她也是夏波醫療保健公司（Sharp HealthCare）的主管，而這家公司的系統正管理著她父親所住的醫院。夏波的廣告大力宣揚他們有優質的護理品質，廣告上提供病人詢問醫療問題的電話號碼，便是由她的團隊負責接聽。但在她親眼看到父親的就醫經驗後，她想：身為夏波的一份子，我們真的像自己所標榜的那樣嗎？

她開始積極提倡改善病患的經驗——這裡所指的並非醫療品質，那是屬於另一個頂尖團隊的負責範疇，而是指服務的體驗。她明白，一旦決心這麼做，將會重新定義並改變她日後的職涯方向。

她花了一年時間努力說服公司接受她的想法，最後總算得以和執行長麥可・墨菲（Michael Murphy）進行會面。儘管墨菲大部分時間都負責管理公司的財務，但他憑直覺知道羅茲是對的，於是決定大刀闊斧進行改革。墨菲派給團隊一項艱鉅的任務，要他們深入研究那些「國際級水準的醫療服務」是如何做到的。

從二〇〇〇年秋天起，約莫有八個月左右的時間，包括墨菲和羅茲在內的一群中高階主管組成了一個考察團，造訪各大服務業裡的佼佼者，像是麗思卡爾頓酒店、迪士尼、奇異公司與美國西南航空。他們也向史圖德集團（Studer Group，企管顧問公司）諮詢，並請教約瑟夫・派恩與詹姆斯・吉爾摩的意見，兩人過去曾聯手寫出別出心裁的《體驗經濟時代》（*The Experience Economy*）一書。

他們訝異地發現，這些訪問都導向同一個結論：你必須先讓員工在職務上有絕佳的體驗，才有辦法提供一流的病患體驗。而夏波的「員工敬業度」，明顯落後於麗思酒店、西南航空之類的公司。

墨菲和高階主管們一開始只聚焦於病人為研究對象，現在他們擴大了範圍，並且為夏波擬定了新的願景：

改變醫療照護的體驗，使夏波成為：

＊員工最想工作的理想環境

＊醫師最想執業的理想環境

* 病人最想接受照護的理想環境
* 最後，成為全世界最優秀的醫療保健體系

他們稱這個願景為「夏波體驗」。但他們該如何讓全體員工認真面對這個新方向，而非只視為曇花一現的管理口號？他們原先打算由墨菲帶領一群高階主管，親自去每一間屬於夏波體系的醫療單位，一一傳達這個新願景。但他們知道這麼做得花上一年的時間。「況且等我們到第三十間醫院時，第一間早就已經不再相信我們了。」羅茲說道。

然後有人建議：那我們為什麼不召集大家聚在一起呢？

這聽起來滿荒謬的。夏波公司有多達一萬兩千名員工，聖地牙哥沒有任何一個地方能容納得了這麼多人的會議室。況且，總不能為了開會，就暫停處理病患的緊急需求吧？

但夏波高層繼續商討，於是答案逐漸浮現：花兩天的時間召開三次討論會，這樣員工可以分批參加，同時也能維持各醫療單位的主要人力，不會耽誤病人的醫治。只是這麼一來，要動員的人力物力就相當驚人，包括他們必須將聖地牙哥的出租公車統統訂下來。（事實上，他們最後還從洛杉磯、甚至遠從亞利桑那州，調度公車過來支援。）

二〇〇一年十月十日，夏波醫療保健公司召開了全體員工大會。走道上擠滿了員工，有

的人搭公車來，也有些人搭乘捷運、火車或船隻抵達會場。墨菲在後台緊張地來回踱步。「我不是那種喜歡上台露臉的人。」他表示。但當他一上台，便對大家坦誠分享了這場變革的挑戰。

「這段新的旅程需要勇氣，」他說，「我們正在規劃不同的路線，因為我們相信若要成為業界第一，就必須這麼做。」他鼓勵大家重燃對醫療的熱情和使命感，並呼籲大家付諸行動，勇於承擔，積極完成手上的任務。他接著道：「假如我們能夠簡化流程，把四個步驟減為一個，那就去做！假如員工有改進工作的好點子，就聽聽他們怎麼說！假如有病人提出怨言，就優先解決它！」

墨菲跟大家分享「夏波體驗」的願景，就是創造最適合員工工作、醫師執業、病患接受治療的理想環境，最終「成為全世界最棒的醫療體系」。有些員工嘲笑他言詞狂妄，但他的演講無疑引發了共鳴。一位名叫凱西・羅汀（Kathy Rodea）的護理師說：「我們以前都是在星期五下午收到電子郵件，被告知某項訊息。但如今墨菲親自站出來表示：『這是我們的願景，我們希望你加入，一起到達目的地。』這是非常不同的想法，真的促成了大家的團結。」

會後，員工們被告知可以參加各種「行動小組」（action teams），包括員工滿意度、病患滿意度、獎勵與肯定等，共有一百個項目。報名狀況異常熱烈，共有一千六百人自願參加，這些人願意在正常工作之外，多付出一份心力，以支持這個願景。

羅茲說：「當我們完成第一場會議時，許多人哭了，互相擁抱或擊掌慶賀……就連一開始唱反調的人也眼中泛淚。」一名原本懷疑這麼做有何價值的高階主管，後來對她說，我們應該每一季都辦這種大會。

事實上，他們真的決定隔年又召開一次員工大會，再來是第三屆。如今，舉辦這場大會已經變成一年一度的重要傳統。

這場大會，在夏波公司掀起了大變化。行動小組的勢頭威猛，第一線單位幾乎立刻出現變化。從測量系統、政策，乃至各種習慣，統統都改變了。病患的就醫經驗也變得不同，夏波的員工找到了提供一流服務的方式。

例如，園藝團隊注意到有些病人沒有訪客，也沒收到花。他們便剪下玫瑰，將盛開的玫瑰花插在小花瓶裡，親自送到病房（他們稱這項計畫為「送你一朵花」〔This bud's for you〕。）醫院也訓練護理人員要主動和病人打招呼，先自我介紹，說明職責——這就解決了羅茲的父親當時在住院時所遇到的問題。此外，在夏波的科羅納多醫院，會在病人快出院時，贈送「用愛烘焙」的香蕉蛋糕。許多病人返家後，還會收到曾照護過他們的醫護人員的手寫卡片，對於醫院的用心，病人莫不感到訝異。

第一屆全體員工大會之後的五年間，夏波體系醫院的病人滿意度，在全美百分比排名急速攀升，從百分之十幾上升至九十多，醫師滿意度提升到百分之八十，員工滿意度提升了百分之十三，而離職率下降了百分之十四。淨收益增加了五億美元。二〇〇七年，夏波公司獲頒美國國家品質獎（Malcolm Baldrige National Quality Award），那是由總統親授的至高榮譽，表揚卓越的品質與成果。[12]

這種轉變，是一夕之間出現在會議中心嗎？當然不是。那是成千上萬的人，經過多年努力才促成的改變，但這場變革首次的關鍵時刻，正是那場全體員工大會。

而這個時刻，也與我們之前看到的那些關鍵時刻有著不同的特質。在上一章中，我們談到當你展現自身的獨特之處，便能迎來自豪的時刻，因為透過成就或勇敢的行動，你會深覺自己的與眾不同。但以團體來說，關鍵時刻則是來自由「共同意義」的創造——這些時刻讓我們產生連結的是任務，而非個別的差異，換句話說，我們是因任務而團結一致。

那麼，該如何規劃才能產生讓群體凝聚的團結時刻？夏波的領導高層運用了三種策略：「創造同步的時刻」、「讓大家共同奮鬥」，以及「與使命感產生連結」。接下來，我們將檢視這三種策略，探討如何將它們運用在各種團體中，包括宗教信徒、救生員與工友等不同的團體。

電子郵件只告知事情，親臨現場能告訴你意義

回想你上次和一群人一起歡笑的情景。你們為什麼笑？答案很明顯，是因為有人說了好笑的話。

但其實這個眾所周知的答案，大部分時候是錯的。學者羅伯特・普羅文（Robert Provine）和三名助理走在大學校園和市區的人行道上，偷聽路人的對話。一旦有人笑出來，他們便記下發生笑聲前所說的話。

結果他發現，引起笑聲的話語，僅有不到百分之二十是「稍有趣」的。這些笑聲迥異於我們聽到脫口秀演員講笑話時所發出的歡笑聲。它們僅是「為了回應平淡無奇的言詞」，例如：「喏，安德烈來了」、「你確定嗎？」或「我也很高興見到你」。就連他們記錄下來最好笑的話，你大概也笑不出來。最有代表性的兩句是：「你不必喝，只要替我們買酒就好。」以及「你只跟同種族的對象約會嗎？」

那我們為何發笑？普羅文發現，人們在社交情境中笑的頻率是獨處時的三十倍。笑是一種社交反應。普羅文做出結論：「笑和幽默無關，而是為了人際關係。」我們之所以笑，是

為了與群體建立連結。我們的笑聲是在表示「我和你們是同一國的，我是這個團體的一份子」。

我們置身於群體時，會不斷觀察彼此的反應和感受。每一個眼神、每一句話，無非是社交上的聲納探測——你還在嗎？你有聽見我聽到的話嗎？你的反應和我一樣嗎？在團體中，「笑」就是用來發送正面信號的方式，表示彼此的反應正在同步。

這種「同步效應」說明了為何夏波召開全體員工大會非常重要——這樣做讓所有人同時聚在一起（同時也要照料病患）。「這種組織的大規模活動，是無法用一份備忘錄來替代的，」索妮亞．羅茲說，「當你看到會場裡的四千名醫護人員，他們每天起床就是為了照護民眾的健康，治癒他們的生命，這種力量是很強大的，非常具有感染力……讓人渾身汗毛都豎了起來。這是一種共享的經驗。」

參加員工大會的員工，從現場感受到一些重大訊息，包括：這件事很重要。（我們的領導高層不可能為了無關緊要的瑣事就租下整座城市的公車。）這是認真的。（現場有四千人聽到他們說的話，他們無從反悔。）我們是一體的。（我看到身旁有好多人，大家都是同一個團隊。）而且我們正在做很有意義的事。（我們保證要照顧需要幫助的人——這個使命比我們自身還重要。）

人生有多少巔峰時刻，就像夏波大會一樣，是共享的社交時刻：婚禮、生日派對、退休歡送會、受洗儀式、節慶、畢業典禮、成人禮、音樂會、比賽等等。再想想政治集會或遊行，這些活動都在在證明我們渴望人與人的接觸，即使身邊都是陌生人，大家一起占據街道，就像在說：這件事很重要，這是認真的，我們共同面對一切，而且我們正在做重要的事。

在組織內，一定會有「理性」的聲音反對同步的時刻，批評把大家聚在一起所費不貲，而且太複雜，他們會說：「不能乾脆就直接開個視訊會議嗎？或者透過電子郵件講重點就好？」（還記得那位夏波的護士說：「我們以前都是在星期五下午收到電子郵件，被告知某項訊息。」）

利用遠端聯繫來進行日常溝通或合作，當然沒問題。但如果是重大的關鍵時刻，就必須親自到場共享。（畢竟，沒有人會透過電話參加婚禮或畢業典禮。）由於有其他人在場，那些「抽象的想法」才會變成「群體的現實」。

革命情感的凝聚力

人類學家狄米崔・賽格拉陀斯（Dimitris Xygallatas）研究了模里西斯島於印度「大寶

森節」舉行的兩項儀式。在「較不痛苦」的溫和儀式中，信徒在印度廟宇的內外一連禱告、誦經數小時。而在「相當痛苦」的儀式中，信徒得忍受「身體被數根針或叉子刺穿之苦，揹著沉甸甸的竹編物，同時拖曳小車前行（小車另一端以鐵鉤鉤在皮膚上），走上四個多小時，最後赤腳爬上山嶺，抵達穆魯甘（Murugan）神廟。」

儀式結束後，賽格拉陀斯團隊給這兩組痛苦層次不同的信徒，每人發兩百盧比（相當於兩天的薪水），請他們填完問卷。這些人一領到錢，得知可以匿名捐獻給神廟，那些受苦較少的信眾平均每人捐出八十一盧比，承受極大痛楚的信徒則慷慨得多，平均捐出一百三十三盧比，亦即捐出三分之二。更有趣的是，第三組人的行為，這群是陪同「相當痛苦」信徒一起步行的人們，自己並未受苦，而他們的捐款更高，平均為一百六十一盧比（亦即報酬的八成）。

研究團隊總結認為，痛苦的經驗，會讓人增加「利他主義」傾向，或者主動做出幫助他人的行為。他們進一步指出，極端儀式，尤其是共同經歷的痛苦經驗，可被用於強化群體內部凝聚力的「社會技術」。

這類極端儀式位於光譜的最極端，而另一端則是企業的「團隊繩索訓練課程」，這些課程會模擬危險情境，目的也是為了激發團隊的凝聚力。表面上看，這兩種經驗似乎迥然不同，其中一種很可怕，令人難以承受，另一個則是神聖的宗教儀式，但兩者的共通點都是「掙扎」。

若一群人很快就產生深厚的連結，往往是因為他們曾經共患難。一項研究發現，若幾位陌生人被要求一起執行一項痛苦的任務，比方將雙手浸在裝冰水的盆子裡，並進行「挑揀分類工作」，那麼他們感受到的親密，會勝過在常溫水中執行同樣任務的陌生人。而且就算任務本身毫無意義，仍會出現這種「革命情感」！(兄弟會欺負大一新生，就是既無意義又痛苦的連結感儀式。)

想像一下，當一群夥伴為了真正有意義的任務而共同奮鬥，期間會產生多強的連結感？例如，保護森林免遭砍伐的環保運動者；為了能發出薪資而搞到焦頭爛額的新創公司合夥人；在遠方異地傳教，每天都在面對拒絕的傳教士。

我們可以從上面的故事獲得任何實用的教訓嗎？難道我們應該多讓下屬受罪，以創造患難與共的關鍵時刻？當然不是。但值得注意的是，在某些條件下，人們會主動選擇掙扎，他們不會逃避或抗拒。這些條件包括：他們覺得這項工作是有意義的；他們在執行上有一定的自主性；參加與否是出於個人的抉擇。

這正是夏波醫療體系在招募員工加入「行動小組」，以改善病患就醫體驗時所秉持的原則：工作是為病患提供更棒的照護服務，這是有意義的事；其次，小組成員有自主權，經常被授權制訂特定領域的政策：而且這些人是完全自願參與的。結果，共有一千六百個人踴躍參加，形成一場集眾人之力共同奮鬥的群體運動。

如果你希望所屬團體有強大無比的凝聚力，不妨找個極具挑戰性又深具意義的任務讓大家執行，你們這輩子都將牢記這段經歷。

當工作不只是「任務」，更是「使命」

為了創造人與人之間的連結時刻，我們可以讓大家聚在一處，經歷彼此同步走的時光，也可以邀請他們共同投入一段有意義的奮鬥。而最後一項策略，則是引導大家體認更深層的意義連結。

在許多組織中，員工每天忙著處理例行事務：收發電子郵件、開會、完成待辦事項，逐漸忘記工作的真義。而這層意義，很可能正是幹才和庸才的關鍵差異。

加州大學柏克萊分校教授莫頓・韓森（Morten Hansen）在《高績效心智》一書中，對五千名員工與主管進行調查，以瞭解明星員工的特質。他發現，只有百分之十七的員工「完全同意」下面這句話：「我在公司裡所做的事，除了賺錢之外，還對社會很有貢獻。」有強烈使命感的這群人，大多能在主管的績效評比中名列前茅。

這項研究也探討了「目的」和「熱情」之間的差異。依照韓森的定義，「目的」是你知道自己有所貢獻，你的工作有更大的意義；「熱情」則是你對工作抱有熱忱或投入感。韓森很想知道，何者對工作表現的影響更大。

他將員工分成數種類型。譬如，缺乏熱情和目的的下屬，這類員工在主管的績效評比中平均只落在第十百分位數，也就是表現比百分之九十的人還差，（如表一）：

表一

	高熱情	低熱情
高目的性		
低目的性		第十百分位數

如果對工作缺乏熱情，又覺得它毫無意義，自然不太可能有什麼傑出表現。相反地，如果極具熱情，並且有高度目的感的人，他們便會成為職場中的明星（如表二）。

表二

	高目的性	低目的性
高熱情	第八十百分位數	
低熱情		第十百分位數

那麼，如果員工只具備其中一項特質，那會如何呢？是充滿熱情的人，還是深知目的的人，會表現得比較好（表三）？

表三

	高目的性	低目的性
高熱情	第八十百分位數	第二十百分位數
低熱情		第十百分位數

結果讓人大吃一驚：即使對工作懷有滿腔熱情，也就是一說到工作就情緒高昂的人，若是缺乏目的感，依然會成為蹩腳的員工。表四是這塊拼圖的最後一片：

表四

	高目的性	低目的性
高熱情	第八十百分位數	第二十百分位數
低熱情	第六十四百分位數	第十百分位數

所以，結果非常清楚明瞭：目的比熱情更重要。受邀在畢業典禮上致詞的人，千萬要注意，最佳的忠告並非鼓舞觀眾「追求熱情」，而是要他們「追求目的」！（若能兩者同時兼具，那就更好了。）

熱情是個人的，雖可激勵我們，卻也會使我們彼此疏離，因為我的熱情未必是你的熱情。反之，目的則是能被群體共享的東西，它能使上下團結一心。

那麼，我們該如何找到目的呢？耶魯大學的艾美・瑞茲內斯基（Amy Wrzesniewski）教授，在探討人們如何發現工作的意義時，曾說許多人認為必須找到自己的志業，就好像它是「某種神祕之物，正躲藏在世間某處等著被你發現。」但她認為「目的」並不是被發現，而是經由培養而生成的。

因此，組織的領導者應該學著培養目的感，好讓原先各自為政、追求不同熱情的人團結起來。這樣的目的感，可以透過洞察與連結的時刻培養。

舉例來說，任教於華頓商學院的亞當・格蘭特（Adam Grant）曾在美國中西部的某個社區休閒中心，針對三十二名救生員進行研究。他將救生員分成兩組，第一組是「個人利益組」，他們閱讀了四篇故事，內容是講述其他救生員如何靠工作中所學到的技巧，進而從中牟利。第二組是「意義組」，他們閱讀的則是救生員如何救起溺水者的故事。

兩組之間的差異極為顯著。與另外一組相較，「意義組」的救生員在未來數星期，會主動增加百分之四十三的工作，這些故事使他們更投入自己的工作。

此外，研究團隊還請幾位事先不知道救生員讀過哪一組故事的主管，評估這些人在接下來數星期的「助人行為」（即主動為他人帶來好處的行動）。結果，「意義組」的助人行為提升了百分之二十一，而「個人利益組」則不論在助人或工作時數方面均毫無改變。

請注意，這些行為改變，只來自一場三十分鐘的活動：救生員讀了四則故事後並進行討論，便產生了這些行為差異。這正是不折不扣的「關鍵時刻」，只是規模小一些，但它的確具有影響力。這種「與意義產生連結」的策略，就是找到方式，提醒人們自身工作的意義。

這種做法在其他領域也一樣有效。像是當放射科醫師看到他們所掃瞄X光病患者的照片，工作產出數量和掃瞄準確度都有顯著提升。又如負責整理外科手術器具的護理人員在見到稍後將使用這些手術器具的醫生後，就會多花百分之六十四的時間進行整理（相較於對照組），錯誤率也減少百分之十五。由此可見，與意義產生連結真的很重要。

但並非所有人的工作都是在拯救性命或為病人服務。有時候，目的是較抽象的，例如對於整合行銷團隊、伺服器管理員，或人資部門的福委會來說，這些工作最主要的「目的」是什麼？

當然，這些工作都有目的，只是有時我們需要不斷問「為什麼」來加以釐清。有時或許需要連續問好幾個「為什麼」，才能找到其背後真正的意義。試舉醫院的清潔工為例：

* 為什麼你要打掃病房？「因為主管叫我這麼做。」
* 為什麼？「因為這樣病房就能保持乾淨。」
* 為什麼要保持乾淨？「因為這樣能讓病房更衛生，住起來更舒適。」
* 為什麼這件事重要？「因為這樣能讓病人更健康快樂。」

當你問到「貢獻是什麼」時，提問就可以結束了。你工作的受益者是誰，你又是如何對他們做出貢獻？這名清潔工的貢獻，是促進病人的健康和快樂；行銷團隊的貢獻，是幫助業務團隊更有信心，也更容易成功；而福委會的貢獻，則是能讓公司同事對財務與福利感到安全，內心覺得安定。

當你了解自己最終的貢獻為何時，便能跳脫單調的工作範疇。以醫院清潔工來說，他的工作內容相當具體：掃地、拖地、刷洗、消毒，然後再度重複。但當他明白這份工作的意義，便能激發更多的創意和彈性。根據瑞茲內斯基的研究，曾發現有位醫院清潔工，他只要看見病人似乎很想找人聊天，就一定會主動上前和對方聊兩句。這名清潔工深知許多病人沒有傾訴的對象，為了「陪伴病人對抗孤單」，即便這並不是他的工作範圍，但他仍樂於為病人的健康快樂多付出一些。

目的感似乎能激發人們做出「超越職責範圍」的行為。就如我們之前所說，當夏波醫療體系的員工重新與工作的意義產生連結後，便開始突破工作的框架，創造許多不同凡響的時刻。曾有位癌症病人正進行第五或第六次化療，可惜治療反應不佳。她想為懷孕的兒媳辦一場迎接寶寶誕生的產前派對（baby shower），但知道自己可能無法在寶寶出生前出院，於是醫療團隊幫她在醫院裡籌辦這場派對，還特別選在景致優美的花園，也讓她依照自己的喜好布置空間。夏波紀念醫院的急症照護部主任黛博拉・拜登斯說：「她的兒媳會永遠記得，在婆婆過世前，還親自為她籌劃了一場嬰兒派對。」

對病人來說，這是人生中難忘的時刻。接著換個角度想像一下，參與這次活動的員工，內心又有何感受？那天他們回家後可能覺得筋疲力盡，但心中卻是滿滿的成就感，因為今天他們做了一件非常有意義的事。

這是共享意義的時刻，它不僅激發個人成就的驕傲，還帶來深刻的連結感受——來自於奉獻於更高使命的感動。

無論是在聖地牙哥舉行的全體員工大會、在辦公室共享的歡樂、在模里西斯的宗教儀式，或是在花園的產前派對，那些時刻都會讓人們緊密連結，因為他們都體會到，自己所做的事，比起我們自身的每一個人，都更加重要、有急迫性，而且更有意義。

第十一章

建立深刻的連結

從「家訪」開始翻轉教育

位於華盛頓哥倫比亞特區（亦稱華府）的史丹頓小學是所爛學校。「它是全國最糟學區裡最差的小學，所以應該算是全美最糟的學校吧。」專注於教育的佛藍波研基金會前執行董事蘇珊・史蒂文生（Susan Stevenson）這樣說道。

二〇一〇年，由於該校的表現實在太差，教育部決定對學校進行「改組」，將校長和行政團隊全數解職，一切從頭開始。六月時，年僅二十八歲的卡莉・約罕・費雪蘿（Carlie John Fisherow）被任命改造這所學校。

走進校園時，她對眼前的景象感到震撼：混凝土磚牆、沉重的鐵門、嘎吱作響的窗戶、陰暗的樓梯間、照明也很差，牆面都漆成難看的黃色，像是髒髒的黃板牙。某位由費雪蘿聘請的老師說：「那裡看起來根本不像是學校，更像是悲慘的孤兒院故事裡的場景。」

雖然學校的環境很糟，但改建重整並非當務之急。這間學校由教育部接管後，陷入一團混亂，所以收拾這個爛攤子才是事不宜遲的任務。

話說，在學期末時，教育部才突然宣布史丹頓小學將委由經營特許學校的學會（Scholar Academies）接手，許多家長對此突如其來的消息大為光火，事先並未徵詢他們的意見。老師們也既憤怒又震驚，他們甚至還不知道能否保住工作。

費雪蘿理解大家的怒火，但她根本挪不出時間安撫，因為她必須盡快安排人事決策。直到學期的最後一週，她的團隊才能抽出時間，在校內的圖書館，逐一與所有的教職員進行面談。當在面談進行時，卻一再被打斷，因為「孩子們會大力晃動書架，互相叫罵，甚至還拿起椅子威脅要砸其他小孩。」費雪蘿說。

最後，新領導團隊資遣了四十名員工，只留下九位。新員工全數到職後，管理階層馬上著手翻新陰暗沉悶的校園環境，先是徹底清潔，接著降低天花板高度以改善音效，增強走廊的照明，還掛上大學的校旗和激勵標語的布條，有些牆面還漆上清新的草綠色。

二〇一〇年秋季開學日那天，史丹頓的學生走進學校大門，可說是踏進了一所徹底改頭換面的新學校，包括新校長、新老師、新課程，連教室也都煥然一新。費雪蘿和她的團隊相信，不到一年，便能帶來重大改變。

但開學後不久，他們就明白事情沒那麼簡單。第一個星期，費雪蘿就學會了一個新的名詞：「私逃」（elopement），就是指學生在未經允許的情況下擅自離開教室。私逃行為在史丹頓相當盛行，校內許多教室都裝有類似美國西部酒吧那種雙扇擺動的門。費雪蘿說：「孩子會從一側的門出去，從另一側回來。他們成天就在教室內外進進出出……還跑到走廊上、樓梯間、校內餐廳，或是體育館……」

整個學校就像失控般，第一年共祭出三百二十一次的停學處分，著實十分驚人，當中有許多都是同一批素行不良的學生。全校學生中，有百分之二十八被歸類成「逃學者」，也就是他們無故曠課超過十天。

「那一年非常誇張，我們有如置身於戰場，感覺像在作戰。」費雪蘿說。他們原先擬定的計畫全都失敗，有人形容，二〇一〇至二〇一一學年的史丹頓，從「很糟」變成了「更糟」。那年年中，費雪蘿還在學校的樓梯上跌倒，摔斷了腿。

「到了下學期，什麼做法我們都願意試試看。」費雪蘿坦承，「當你走投無路時，就願意接受各種可能的改變。」

費雪蘿努力尋求新的解決方案，便和佛藍波研基金會的代表會面，這是一個致力改善學校的家族基金會，它們著名的策略是強調「家庭參與」，亦即鼓勵家長積極參與子女的教育，扮演支持的角色。費雪蘿知道這正是史丹頓較弱的一環。「你可以粉刷牆面、安裝照明、懸掛大學旗幟、聘請一流的教學團隊。但假如你和服務的對象之間缺乏信任，一切都是白搭。」她說。

以哥倫比亞特區的學校系統來說，家長和教師彼此互不信任由來已久。基金會的執行董事蘇珊・史蒂文生曾召集特區內的一百五十位家長進行座談，結果發現一個令人沮喪的事實：家長們都認為這群教師無能又冷漠，只知道坐領乾薪。許多家長小時候也曾就讀特區的公立學校，對當年的求學經驗都有滿腹苦水。

教師們也心懷不滿。他們覺得家長根本不重視教育，也很少參加學校舉辦的活動。要說服他們參加親師會，聊聊孩子的狀況都相當困難。（但另一方面，家長所說的則是完全相反：他們認為老師對他們的孩子毫不關心，所以覺得不需要浪費時間去參加會議或活動。）

史蒂文生聽說加州首府沙加緬度有一項能提升家長參與度的計畫，初步試驗的成果相當不錯，她希望能在特區內選幾所學校試辦。費雪蘿說：「我們可說是用『乞求』的方式，拜託佛藍波研基金會，讓我們成為試辦的學校之一。」

學年接近尾聲時，費雪蘿召集全體教職員開會，說明這項試辦計畫。她很緊張：「我覺得老師們都已經筋疲力盡了，如果要他們週四晚上聽兩個小時的訓練……我心想，這不太可能行得通。」

會中，基金會的顧問表示，這項計畫最重要的核心活動是進行「家庭訪問」，建議教師從下學年開學前，到學生家裡拜訪家長，聊聊他們的孩子。

「家訪」的概念對老師來說並不陌生，許多特許學校也有同樣的制度。但大部分家訪的目的是請家長簽署「保證書」，承諾會配合學校支持孩子。

但佛藍波研基金會進行家訪的方式卻相當不同。老師不准帶任何文件資料，也沒有要家長簽約，他們只是扮演提問者的角色，然後傾聽答案。他們會問下面幾個問題：

- 「請告訴我，您的孩子在學校的就讀經驗，以及您自己的求學經驗。」
- 「您對孩子的未來有何想法或期待？」
- 「您希望孩子日後成為什麼樣的人？」
- 「我可以做什麼，幫助您的孩子學得更好？」

有位名叫梅莉莎・布萊特的數學教師，那晚也去開會，便說：「我第一個反應是『是在鬼扯什麼！』」布萊特赴史丹頓任教以前，早已在好幾個棘手的學區裡教過書，像是費城南區，以及紐約的哈林區與貝德福－史岱弗森特等社區，因此她很懷疑這種家庭訪問能達成什麼效果，並且嗤之以鼻。

但接著有兩位家長發言。他們是基金會出錢請他們從沙加緬度搭飛機來，他們曾接受過家訪，並分享了家訪對他們的意義；那是第一次有人問他們對孩子有何期許。以往學校派人來家裡時，不是要填表格，就是孩子闖禍了，或是需要家長當志工。但那次家訪不同，老師坐在他們家的沙發上，認真聆聽家長們說話。

布萊特聽了之後，心態大為轉變。「我們總說要重視家長的意見，卻從未真正傾聽他們說了什麼。這麼一想，我雞皮疙瘩都起來了。我想，哇，我們真的應該多做這件事。」她說。

佛藍波研基金會的研究顯示，家訪能大幅提升父母的參與度，甚至還能促進學生進步。費雪蘿說：「當時教室的氣氛都改變了，我們在想，這種做法可能很有效，而且我們也真的能辦到。」

大約有十五名教師同意在那年夏天進行家訪。剛開始時進展緩慢，許多家長仍抱持懷疑的態度。但之後關於訪問的好口碑開始在社區流傳，情勢逐漸逆轉。「家長開始希望我們能去家訪，」布萊特說，「你會聽到他們彼此討論：『老師去過你家了嗎？老師來過我們家一次了。』有位老師甚至在街上被一名媽媽攔下來，抱怨竟沒有任何老師來她家。」

二〇一一年秋季開學日那天，史丹頓小學的氣氛明顯不同了。首先，很多學生已經認得老師的臉和姓名，因為他們看到老師坐在自家客廳和母親說話，初步的熟悉和信任帶來了明顯的行為改善。某天，因為學校餐廳出了點問題，大約一百名學生必須在樓梯間排隊。若是在以前，早就亂成一團了，但那一年，現場安靜有序。

「我們的學校終於有一間學校該有的樣子了，」費雪蘿說，「我簡直無法相信這麼快就能奏效。」

不過，真正令人感到震撼的，是在開學一個月後的「返校日」之夜，父母受邀至學校和老師們會面，看看孩子的教室。布萊特說：「父母通常不太熱中參與，不光是在史丹頓，就連以往我待過的每一間學校都一樣，那天根本就是例行公事而已。除了固定會出現的那三名家長以外，沒人會來，而且你以前早就跟這三個人聊過好幾次了，因為每一次的活動他們都會參加。」

前一年只有二十五位家長出席。那年，職員樂觀地推測，家訪後應該會改善這種局面，便在禮堂多設了五十個座位。

活動開始前十五分鐘，五十個座位都坐滿了，於是他們又追加一百個。十分鐘後，他們訝異地發現，這些位子也都滿了。原本坐在位子上的老師們，把座位讓給陸續來到的家長，最後當校長費雪蘿站在台上歡迎大家時，整間禮堂裡已經站滿了人，竟有超過兩百位家長到學校！

「那一刻我們面面相覷，」布萊特說，「感覺像是走進了《陰陽魔界》。」

驚人的時刻不斷來臨。前一年，親師會的出席率僅百分之十二，但二〇一一至二〇一二學年已攀升至百分之七十三，曠課率從百分之二十八降至百分之十一。學生的課業表現也大幅進步，在哥倫比亞特區的綜合評估系統（Comprehensive Assessment System, CAS）的閱讀測驗中，達到「精通」等級的學生人數增加一倍，從百分之九增為百分之十八；而數學達到「精通」的人數，從百分之九上升至百分之二十八，是原本的三倍。停學幾乎已不復見，從三百二十一人次降為二十四人次。

這種家庭參與度的效果並非曇花一現，它隨著時間而逐漸增強。成果逐年進步，形成更多成功的案例。隨著家訪次數的增加，更多父母參與，孩子變得更有禮貌，也獲得更好的成績。到了二〇一三至二〇一四學年，史丹頓的CAS成績，閱讀精通比例攀升至百分之二十八，數學精通則是百分之三十八。

在哥倫比亞特區的三年級學生，每天大概有七小時待在學校，一年上學天數是一百八十日，也就等於一千兩百六十個小時的學習時間。照理說，一場一小時家訪的影響效果，很容易被稀釋殆盡。然而，那一小時產生的連鎖效應，卻在接下來的一年裡持續擴散。這就是關鍵時刻。

為何這麼微小的介入能帶來如此巨大的成效？那是因為我們早已習慣用「時間長短」來衡量人際關係：關係持續得越久，感情必定越深厚。遺憾的是，事實並非如此，關係並不會隨時間的增加而逐步升溫。如果你和舅舅在每年感恩節都只是例行寒暄，那麼十年後，你們倆沒有變得更親，也是意料中事。反過來說，你是否有過曾對某人一見如故，立刻就產生喜歡與信賴的感覺？

我們發現，如果能夠創造適當的時刻，人際關係就可以瞬間產生質變。發生在史丹頓小學的情況，同樣也能發生在家庭或職場的其他人際關係裡。

那麼，為何在經過某些特定的時刻之後，人們之間的連結會變得更深刻呢？

什麼對你最重要？

社會心理學家哈里・萊斯（Harry T. Reis）畢生都致力於解開這個謎團。二〇〇七年，他發表了一篇頗具爭議性的論文，題目是《使關係科學趨於成熟的步驟》。這標題看起來普通，但實則具有如攀登學術界聖母峰的企圖。

萊斯挑戰他的同儕，看誰能先找出可以解釋人際關係放諸四海皆準的理論。為何有些關係能長久延續，有些卻會瓦解？為何有些伴侶會日益親密，有些伴侶卻做不到？簡單地說，維持人際關係的「電路系統」究竟是什麼？

當萊斯還是博士候選人時，曾提出「關係科學的核心組織原則」，這項概念足以整合龐大且散佚的研究文獻，他將之簡單總結為：「當我們察覺到伴侶樂意且積極地回應時，關係就會更加穩固。」這個概念也常被稱為「知覺同伴回應（Perceived Partner Responsiveness, PPR）」。

回應度涵蓋了三方面：

- 理解（Understanding）：另一半了解我如何看待自己，知道什麼對我來說最重要。
- 認可（Validation）：另一半尊重我的個性和喜好。
- 關懷（Caring）：另一半會積極採取行動支持我，幫助我滿足需求。

注意到了嗎？這套架構主要強調協調，即達成步調一致的和諧。我們希望伴侶看待我們的方式，一如我們看待自身；也希望對方能接納我們，並幫助我們實現渴望。坦白說，這還真以自我為中心，總是「我我我」！但其實這是一種「互惠的自我中心」，因為伴侶也期待我們能這麼做。

至於「缺乏回應」（non-responsiveness）又會是什麼樣子？你一臉煩躁地走進家門，但另一半根本沒注意到（拒絕理解）。你興奮地談到新興趣或熱情，對方卻漠不關心甚至不屑一顧（拒絕認可）。有時，只要一個擁抱或簡單的安慰話語就非常有幫助，但他卻只是面無表情地看著你（拒絕關懷）。這種缺乏回應的互動危害甚大，會抹煞我們的個體性，讓我們覺得自己不被看見、不被當成特別的人對待[13]。

研究顯示，從嬰兒期開始，獲得有回應的對待會帶來安全感；對兒童而言，會感到被支持；對成人而言，則會增進友誼滿意度與伴侶親密感。樂意回應與因依附產生的安全感、自尊、情緒健康和其他一長串正面特質都有關聯（甚至有助於晝夜皮質醇濃度的變化[4]）。這聽起來像是哈利波特的咒語，但它其實就是一種壓力荷爾蒙）。

那麼，現在回到史丹頓的家訪計畫，它何以大獲成功？答案很簡單，正是「積極回應」。再看一次老師問家長的四個問題：

- 「請告訴我，您的孩子在學校的就讀經驗，以及您自己的求學經驗。」（理解）
- 「您對孩子的未來有何想法或期待？」（認可）
- 「您希望孩子日後成為什麼樣的人？」（認可）
- 「我可以做什麼，幫助您的孩子學得更好？」（關懷）

別忘了，佛藍波研基金會禁止老師帶任何文件或資料進行家訪，現在你就能明白原因了：因為制式文件會讓家長感到自己缺乏個別的專屬特質，就像在說：「這是我們發給每一位家長同樣的東西。」而「積極回應」是無法與「千篇一律的規矩」並存的。

有一點萊斯說對了，「積極回應」這個概念可以運用的範圍很廣。蓋洛普公司已經研擬出一組問題，可以運用在評量員工的滿意度。以企業界來說，蓋洛普發現，員工對這些問題的正面回答，幾乎都與所有管理者在乎的目標有關，像是：員工的向心力、低流動率、生產力、獲利能力，甚至顧客滿意度……等。以下是最具啟發性的六個問題，請注意，最後三道問題很可能也是萊斯會問的問題：

---

❹ 譯註：diurnal cortisol，皮質醇（一種壓力荷爾蒙）在一天當中隨著時間自然變化的情況。通常早晨最高，傍晚逐漸降低。

一、我知道公司對我工作的期望和要求嗎？
二、我是否擁有工作所需的資料和器材，幫助我正確執行業務？
三、我每天都有機會做自己最擅長的事嗎？
四、過去七天，我是否曾因工作表現傑出而獲得肯定或讚賞？（認可）
五、主管或同僚是否關心過我？（關懷）
六、公司是否有人鼓勵我追求持續的成長與發展？（理解，關懷）

還記得擔任業務經理的凱司・瑞辛格嗎？他指點鮑伯・休斯盡量多傾聽，一旦休斯有進步，便送他一副耳機表示慶賀。他正是善於回應的主管，他重視自己的團隊成員，花時間了解他們，並表揚他們的成就。就如同蓋洛普研究所顯示，不論是家庭或職場，展現積極回應都很重要。

積極回應的概念，在醫療體系中同樣也有強大的影響力。如今，它已成為照護病患的基本需求。因此，全世界的醫療系統（如上一章提到的夏波）已經將「尊重病患」列為制度改革的優先事項。

美國的非營利組織「醫療改善研究機構（Institute for Healthcare Improvement, IHI）」，

致力於降低醫療失誤及感染風險，近年來也積極倡導「以病人為本位」的照護。這個議題對IHI的前執行長墨琳・皮薩克娜諾（Maureen Bisognano）而言，有著切身之痛。

皮薩克娜諾排行老大，底下有八個兄弟姊妹。其中一個弟弟叫做強尼，聰明帥氣，青少年時期曾在波士頓塞爾提克隊當球童，他也相當喜愛這份兼職工作。

十七歲時，他被診斷出罹患何杰金氏淋巴癌，病情迅速惡化，之後，強尼不斷進出醫院，墨琳常去探望他，她清楚記得總有一群醫師在病房內來來去去。「他們就在強尼的面前談論他（的病情），卻幾乎從未對他說話。」她說。

強尼二十歲時，病情已進入末期。他去墨琳的公寓找她，說道：「我應該過不了這一關了。」她不知道該說什麼或做點什麼。「他已經準備好迎接死亡，但我還沒。」她說。

在那個年代，安寧照護的觀念尚未普及，即使是垂危的病人也得接受侵入性治療──尤其是癌末病人會受到更多折磨。強尼大部分時間都待在醫院，被立意良善、卻不懂得如何回應病人需求的醫護人員，用儀器監控、檢查、治療，卻從沒有人問過他的感受。

直到某一天，他們那時在彼得本・布萊根醫院（現今為布萊根婦女醫院），一名醫生前來訪視。墨琳坐在強尼的床邊，醫生轉頭問她弟弟：「強尼，你想要什麼？」

強尼回答：「我想回家。」

接下來發生的事讓墨琳大吃一驚。這位醫生向墨琳借了她的外套，把外套披在強尼身上，然後親自把他從病床上抱到墨琳的車子裡。

強尼回到家中，在深愛他的家人陪伴下，一起度過生命的最後時光。他在過完了二十一歲生日的數日後離世。

數十年後，墨琳在《新英格蘭醫學雜誌》上讀到一篇文章，不禁想起弟弟當年的遭遇。作者麥可・J・貝瑞與蘇珊・艾格曼・利維登，在文中寫道：「臨床醫師必須放下自詡為唯一的、父權式的威權角色，轉而讓自己成為更成功的教練或合作夥伴。換句話說，要學會不只問：『你哪裡不舒服？（What is the matter?）』還要問：『什麼對你最重要？（What matters to you?）』」

「什麼對你最重要？」這句話猶如閃電般擊中了墨琳。這和當初那位富同理心的醫生問她弟弟的問題是一樣的。而這句話，也是「以病患為中心的醫療照護系統」的核心。此後，她在全球各地對上百名醫護人員演講時，總會呼籲大家，不要只是問病患「你哪裡不舒服？」更要問：「什麼對你最重要？」她期望能藉此號召醫療體系做出關於「回應」的改革。

這個問題隨即引發眾多醫療人員的共鳴。二〇一四年，在蘇格蘭某間醫院的小兒科病房擔任護士的珍・羅潔思，於巴黎聽完墨琳的演講後，牢牢記住了這個提問。她拿圖畫紙和麥克筆給她負責照護的住院病童，鼓勵他們以「對我來說最重要的事」為題畫畫。

其中一位叫做肯卓的七歲病童，才剛入院準備進行手術。肯卓有自閉症，從不曾開口說話，她的父親總是在一旁陪伴，協助與醫護人員溝通。

但肯卓入院不到二十四小時，父親就疑似出現心跳驟停而被送往另一間醫院治療，獨留肯卓一個人面對陌生的醫療團隊。她很害怕，無法說出心中的想法。

但幸而她完成了「對我來說很重要的事」的圖畫，揭露了她的內心世界。她這麼寫道：「我叫做肯卓，我有自閉ㄓㄥˋ。我不會說話，所以就算會ㄊㄨㄥˋ，我也不會說。我不喜ㄏㄨㄢ人家把ㄧㄠˋ放在我嘴ㄅㄧㄢ，請注意，我會一直掙扎。我ㄞˋ摸人家的頭ㄈㄚˇ，那是我打招呼的方式。」（她的畫作見下頁。）

護理人員便把這張塗鴉當成照顧她的參考指南。羅潔思說，若沒有這張圖，他們可能會誤解她行為背後的涵義。想像一個難以溝通的小女孩，會抓人頭髮，抗拒吃藥。她很可能被認為具有攻擊性，因而被關在病房裡限制行動，這麼一來反而造成她更多壓力。

她的父親康復得很快，幾天後回到她身邊。這段期間，護理師都會按照小女孩的需求來照顧她，例如擁抱她安撫情緒（她寫過：「抱抱讓我覺得安心。」）；能避免口服藥時就盡

我覺得對我最重要的事

（左欄）我叫做肯卓→我有自閉ㄓㄥˋ→我不會說話，所以就算會ㄊㄨㄥˋ，我也不會說→但我會吵ㄋㄠˋ→我不吃葡萄，吃了會長ㄓㄣˇ子→我動作很快，會把東西放進嘴巴，還會落跑。哈哈哈！→如果有人ㄅㄤ忙，我可以自己穿衣服→我會做這些事→我ㄞˋ發出ㄕㄥ音的玩具

（右欄）我今年七歲→我不喜ㄏㄨㄢ人家把ㄧㄠˋ放在我嘴ㄅㄧㄢ，請注意，我會一直掙扎→我ㄞˋ摸人家的頭ㄈㄚˇ，那是我打招呼的方式→我ㄐㄩㄝˊ得不高興時，會用力ㄓㄨㄤˋ頭，咬自己的手→我的頭ㄈㄚˇ有打結，我爹地梳頭梳得超級ㄌㄢˋ→我ㄞˋ抱抱，會ㄐㄩㄝˊ得安心。

量避開，因為她不喜歡；他們會和她擊掌；讓她摸他們的頭髮，也幫她梳頭髮（「我爹地梳頭梳得很爛。」）而這一切，都從一個簡單的提問開始：「什麼對你最重要？」醫病的關係便徹底改變了！

羅潔思說，和肯卓相處的經驗讓某些持懷疑態度的同事，開始相信這個問題每一次都值得一問。現今，以「什麼對你最重要？」為題畫一張圖，已成為蘇格蘭醫院的兒童病房的標準流程。

由於墨琳和ＩＨＩ的提倡，這句富有回應性的問題，也被世界各地的醫師、護理師採用。正如我們從史丹頓小學的家訪中看到的，只要時機正確，關係可以在一瞬間徹底改變。

積極回應，創造良好關係

在複雜而充滿情感的醫病關係中，積極回應相當重要，但即便在日常的一般性互動亦然。例如，當你因為服務不周而感到憤怒，很可能就是因為對方缺乏回應。你在餐廳裡坐了十分鐘，都沒人前來招呼；或是你去租車，櫃檯人員問你要不要加購保險，但你明明從來就沒買過，他們從未記住常客的習慣，只是機械式地詢問。又或者，你打客服電話等候轉接，等了很久好不容易有人接聽，對方卻再三要你證明自己的身分。

筆者很容易被惹毛的事情是：我們預訂飛機航班時，總是會考量飛行時間的長短。（我們會找飛行時間最短的班機。）近二十年來，我們一向以此條件進行搜尋，但從未有任何旅行網站儲存我們的搜尋喜好。反觀奇普在數月前不小心點到一個Hello Kitty的連結，至今每次上網都會被強迫一定要看可愛貓咪的行李箱廣告。為什麼網路對於廣告點擊的記憶力如此驚人，卻記不住我們真正在意的事？

綜合上述，這些惱人事情的共通點，就是缺乏理解、認可和關懷。我們討厭被當成可被替換的個體，不具特殊性，那彷彿在說：「你並不重要，你只是個號碼罷了。」

CEB管理顧問公司的分析師研究「客服電話」的效果，以及事後顧客給予的評分。令他們訝異的是，僅有五成顧客的評分標準是根據方才的那通電話，另外五成的評分都反映了客戶過往被對待的經驗。（比方說，如果顧客為了解決某個問題，已經撥過六通客服電話，那麼即使第七次處理得很完美，也無法挽救顧客的觀感。）

對於顧客會記得過往的經驗這件事，CEB團隊稱之為「包袱」。大多數客服人員的直覺是：盡量不要提到顧客的過往經歷。如果他們從紀錄中得知，這名顧客常被當成燙手山芋轉來轉去，他們會選擇不提這件事。為什麼要提？他們會覺得，既然是傷口，就別再灑鹽了，盡快解決眼前的問題才是上策。

所以，CEB團隊針對客服中心該如何「解決包袱」的技巧進行一系列的實驗。在某個客服中心，研究人員隨機將話務人員分為兩組，其中一組人忽略顧客的過往經驗，另外一組則主動面對並處理它。舉例來說，某個顧客打過好幾次電話反映平板電腦的電池有問題。兩組話務人員的回應如下：

- 忽略包袱的客服人員A：「感謝您購買本產品。我明白您遇到了電池的問題，現在讓我們從頭開始檢查，請您先點選一下平板上的『設定』，確定您是否啟用了任何會特別耗電的功能。」
- 處理包袱的客服人員B：「感謝您購買本產品。我明白您遇到了電池的問題……嗯，根據系統顯示，您為此已經撥過好幾通電話了，對嗎？好的，謝謝您。方便告訴我您試過哪些方式，哪些有助於維持電池壽命，哪些沒有幫助嗎？然後我們可以跳過您已經做過的部分，直接往下進行。」

「處理包袱」的做法，是一種給予回應的對話方式，它對顧客先前受挫的經驗展現了理解與認同，而這樣的處理方式產生了驚人的效益——顧客對於客服人員B的評價，幾乎是客服A的兩倍，而他原本預期自己必須得投注於解決問題的精力，也大幅減少了百分之八十四。

哈里・萊斯在探討「回應」的關鍵論文中，闡釋了人際關係的主要原則。他的重點在於：是什麼讓人際關係變得更強韌？我們已經看見，這項原則的運用範圍甚廣，不僅說明了是什麼讓婚姻中的雙方變得更幸福、為何員工會覺得受到注意與尊重、為何病人在治療時覺得備受尊重，甚至還能讓顧客對客服特別滿意。

我們想要在人際關係中創造更多連結的時刻，便得多給予他人回應。

讓陌生人迅速變親近的三十六個問題

「回應」有時未必會使關係更緊密。那些善於處理「包袱」的客服人員固然樂於回應，但通話結束時對方並不會感動得含淚道別。然而，回應若是伴隨著坦誠，很快就會發展出親密感。

過程是這樣的：有個人透露某件事，然後等著對方是否也願意回應、分享。假如對方回應了，那就是一種理解、認可和關心，它代表：「我聽到你說的話了，我明白並接受你說的內容，我也在乎你，我願意透露一些關於我自己的事。」而一位吝於回應的伴侶，就好比你在飛機上跟鄰座乘客閒聊，他隨意敷衍兩句就馬上戴上耳機，停止互動，使關係陷入停滯。

對話輪替（turn-taking）的過程其實非常簡單。有項在公車站進行的研究，研究人員會走到陌生人身旁攀談，有兩種設定好的開場白。「低親密度」的開場白是：「嗯，我的一天總算過完了。你今天過得如何？」

「高親密度」的開場白則稍微多透露了一點個人的情況：「我真慶幸今天終於結束了，我整天都忙個不停。你呢？」這就是高親密度的開場白版本。即使只揭露了一點點的私事，也足以激發對方做出更親密的回應。

研究者：我真慶幸今天過完了，我整天都忙個不停。你呢？

對象（年輕女子）：我跟你不同耶，我今天過得很棒。

實驗者：妳今天過得很棒？

對象：噢，是很美好的一天。我跟一個我很喜歡的人去約會，所以真的很開心。

在這個情境中，研究者先透露個人感受，對象也給予回應，研究者再接話，如此會使交流更進一步，這是逐步達成的親密。

當然，我們也都曾遇過和上述完全相反的互動模式，在那種情況下，我們的回應彷彿像程式設定好的那樣：

「戴夫，在忙喔？」

「怎麼可能，根本沒在做事。」

「我懂你的意思。」

「又過完一天了，就打混摸魚，賺點小錢過日子。」

「是啊。」

「好，掰。」

這是處於毫無起伏的人際關係。

親密感是靠輪流互動、逐步深化而提升的。最經典的例子，是社會心理學者阿圖・亞隆（Art Aron）與四名同事所做一項名為「產生人際親密感的實驗（The Experimental Generation of Interpersonal Closeness）」的研究。（順道一提，實驗名稱拿來當成實境秀節目《鑽石求千金》（The Bachelor）的名字也不錯。）[14]

在這項研究中，一群修心理課的大學生自願和同班另一位完全不認識的同學兩兩配成一組。每一組都會拿到一個信封，裡面是寫了三十六個問題的紙張。他們按編號一次抽出一張，兩人輪流作答。

這個互動持續四十五分鐘，分成三個回合進行，每回合十五分鐘。問題的親密度會逐漸提升。以下是從三個回合中抽樣選出的問題：

第一回合

問題1：如果你可以邀請世上任何一位人物共進晚餐，你會選誰？

問題4：對你來說，怎樣才算是「完美的一天」？

問題8：請說出你和對方看起來的三個共通點。

第二回合

問題13：如果水晶球可以告訴你有關自己、人生、未來發展，或任何其他事情的真相，你最想知道什麼？

問題15：截至目前為止，你人生中最大的成就是什麼？

問題21：愛與情感在你的生命中扮演什麼角色？

第三回合

問題26：請完成下面這句話：「我真希望我有人可以一起分享……」

問題28：請告訴對方，你喜歡他／她的哪一點？這次要很誠實，把通常不會告訴剛認識的人的話說出來。

問題33：如果你今晚就會死去，也沒機會再和任何人聯繫，你最後悔沒說出口的話是什麼？為什麼你還沒告訴他／她？

活動結束後，這對搭檔會被分開，並填寫一份簡短的調查問卷，其中包括衡量親密程度的「自我涵蓋他人量表（Inclusion of Other in the Self, IOS）」。IOS量表最高為七分，這些受試者平均獲得三・八二分。

三・八二有多高分？這麼說好了，研究人員找了另一組同校學生，請他們用這份IOS量表評定對他（或她）而言「最親密、最交心、最密不可分的關係」，可能是男女朋友、母親或麻吉。結果有百分之三十的學生，給「最親密的關係」評分還不到三・八二。

想想看，兩個陌生人坐下來，聊了四十五分鐘，那不過是吃一頓簡便的午餐，或撥一通較長客服電話所需的時間。但最後，他們對彼此的親近感，居然不亞於百分之三十的大學生對「生命中最親密關係」的感受！

這就是人際關係的煉金術！

阿圖・亞隆這三十六個問題後來聲名大噪，甚至出了一款手機應用程式叫「三十六個問題」你可以下載來測試和伴侶之間的關係。但從某種程度而言，這些問題本身並不重要。真正親密感的建立也並非由這幾個問題就一蹴可幾，而是靠輪流坦誠才能創造出來。嚴格說來，換上另外三十六個問題也會同樣有效，只要這些問題皆符合亞隆所創造，逐步卸下偽裝、願意揭露自己脆弱一面的過程。

有一點必須聲明，這個過程不會自然發生，必須有人先開始行動。

為了進一步探究這種情況，我們要求一群讀者自我挑戰：「在接下來的一週，當你和家人或朋友聊天時，別只是閒話家常，要刻意談得深入些，分享一些真實的經驗，也許是你在家中或職場上遇到的挑戰或難題。別怕說出內心話，要相信對方也願意有所回饋。你們可以將這場對話提升到更深入的層次。」

人們將很訝異自己所得到的回應。以下是麥可・埃隆所說的話：

「我和辦公室的一位經理談話，原本只是為了討論專案進度的會議，但我多說了一些跟專案無關的事。嚴格來說，我們平時只是同事的泛泛之交，知道對方在公司裡的職責，其他方面則幾乎一無所知。但在這次談話中，我發現她不僅今年下半年將搬去亞利桑那州的鳳凰城，還得繼續遠距離負責這項專案計畫。她是因為丈夫的健康問題才搬家的。然後我們聊了些健康的話題，因為她丈夫有多發性硬化症，在冬天或在家中爬樓梯都越來越困難，所以他們決定搬家。然後我們談到，他們在賣房的過程中幾經波折，終於成功售出，而搬家打包的過程也很累人等等。

第一個問題無須太深入或涉及隱私，但就跟『剝洋蔥』一樣，我們每次的談話都比前一次更深入些，等我們聊完時，才發現對彼此的了解已加深不少。這次的練習完全顛覆了我以往討論公事的模式，也改變了我和這位同事的關係。」

關係不會自然而然加深。如果你不主動，關係就會停滯不前。如同埃隆所說的：「我們平時只是同事的泛泛之交，知道對方在公司裡的職責，其他方面則幾乎一無所知。」這是凍結的關係。但正如我們看到的，只要對他人採取「積極回應」的行動，就能建立更緊密的情誼，無論是教師與家長、醫生和病人、顧客與客服人員、同事之間，甚至是在同一場實驗中的陌生人，都可以建立連結，而且這些情誼還能在極短的時間內快速發展。

建立人際連結的關鍵時刻可能很短暫，卻可以非比尋常。

連結的時刻

一、連結的時刻能使我們與他人建立關係，在這些時刻，我們會感到溫暖、團結、同理與被肯定的感覺。

二、想要為群體激發連結時刻，就必須創造共同的意義，這可藉由三種策略來達成：(1)創造同步的時刻；(2)請大家共同奮鬥；(3)與意義產生連結。

【實例】夏波改善顧客體驗的努力，就具備這三種要素：(1)全體員工大會；(2)自願參加「行動小組」；(3)「徹底改善照護病患的方式」的明確訴求。

三、當一群人共同努力時，會產生革命情感。當人們可以自主選擇參與、擁有工作自主權，並且使命富有意義時，人們會樂於接受挑戰。

【實例】賽格拉陀斯針對信徒的行為進行研究，結論是：共同經歷痛苦，可視為一種「能鞏固群體內部凝聚力的社會技術」。

四、「與意義產生連結」能使人們重新找回努力的初衷，不只具有激勵效果，還能鼓勵大家把工作做到盡善盡美。

【實例】韓森的研究顯示，在影響工作表現方面，「強烈的使命感」比「強烈的熱情」更重要。

五、在人際關係中，我們通常認為相處時間越長，關係就會越親密，實則不然。有時候，即便是長期的關係也會進入停滯期。但只要有一個對的時機，關係就能迅速深化。

【實例】費雪蘿和她的團隊成功扭轉史丹頓小學的困境，部分原因得歸功於老師在開學前進行家訪，與家長和學生建立初步連結。

六、據心理學家哈里・萊斯的說法，讓關係變深刻的關鍵在於「樂於回應」，也就是彼此的理解、認可與關懷。

【實例1】史丹頓的老師傾聽家長對子女的期許，展現回應的心態。

【實例2】在醫療照護體系中，護理人員不只問：「你哪裡不舒服？」還會問：「什麼對你更重要？」

【實例3】客服人員利用「處理客戶舊經驗」的方式，認可顧客過去不愉快的經歷。

七、積極回應若再加上坦誠，就更容易產生親密感，透過「對話輪替」的方式就能實現。

【實例】阿圖・亞隆的「三十六個問題」實驗，讓素昧平生的兩個人，能在短短四十五分鐘內建立親密連結！

〔案例5〕

如何打破「本位主義」心態？

狀況

某間大公司的業務部副總和行銷部副總共進晚餐時，終於坦承，其實他們早就知道彼此部門的關係出了問題。雖說行銷和業務部理應攜手合作，但實際上兩個團隊卻各自為政。行銷團隊製作精美的文宣與廣告，但業務部卻抱怨這些資料根本不符合顧客對產品的期待。業務部門堅持降價會讓商品更有競爭力，而行銷人員則嘲諷業務團隊只想搶快，根本沒花時間向客戶深入介紹產品的優點。

這個故事雖然是虛構的，但類似的衝突屢見不鮮。

核心問題

兩位高階主管都厭倦了缺乏團隊合作的現狀。他們的團隊雖然還不到形同水火的地步，卻安於各自的舒適圈不想改變。兩位主管決定團隊間通力合作，但他們也知道，必須來一次震撼教育才辦得到。

如何創造關鍵時刻？

兩位副總經理敲定為期兩日的會議，在辦公室以外的地點召開。問題是，他們該如何設計出能為團隊成員帶來關鍵時刻的會議？

一、加入「提升」元素：

◆ **顛覆腳本：**離開辦公室，在其他地點開會，這件事就是顛覆腳本的做法。環境一改變，就打破了常規。

◆ **提升感官吸引力，增加刺激性：**會議一開始，與會者被帶到停車場。發現有輛一級方程式賽車。現場由業務部和行銷部人員混合編制成幾個小組，臨陣受訓成為賽車的維修技師，比賽看哪一組換車胎的速度最快。

團隊的合作默契會隨著一次次的嘗試，而變得越來越好。有時這些人還會彼此互虧，大家笑成一團，但在執行維修任務時，卻又無比認真。活動結束後，大家回到會議室，反思剛剛的經驗，對於「成功的合作」有何啟示。

二、加入「洞察」元素：

◆ **瞬間發現真相：** 兩位主管出人意表地邀請公司的一名顧客，對大家發表談話。這位顧客直言不諱地表示，他在和行銷及業務兩個團隊溝通時，有種不協調的感覺，「好像是在跟兩家完全不同的公司打交道。」

◆ **離開舒適圈，獲得洞察力：** 在開會前，各有兩名行銷人員和業務人員分別被「安插到」對方的部門共事一週。之後，他們在會議上發表心得。被安插到業務部的行銷人員談到「行銷部不了解業務部之處」，而業務人員也分享了「業務部對行銷部不了解的地方」。

三、加入「榮耀」元素：

◆ **表揚他人：** 儘管兩個部門總是合作不夠緊密，但也有少數例外。表現亮眼的員工會獲頒「團隊化學效應獎」，獎品是一條曼陀珠和一罐健怡可樂。（你可以上網搜尋這個組合的妙用）會後，兩位副總還在辦公室裡放了一堆曼陀珠和健怡可樂，這樣就能隨時發獎品給表現不錯的組員。

◆ **訓練勇氣：** 行銷和業務團隊之所以很難通力合作，其中一個原因是他們的溝通方式不夠誠實坦率。大家面對面時都很禮貌客套，但私下卻有諸多抱怨和不滿，做事也總是故意拖拖拉拉地搞破壞。

在這次的戶外會議，大家練習了「關鍵對話」的溝通技巧。這次訓練極為成功，甚至還變成公司內部一個開玩笑的梗。回到辦公室後，員工常會半開玩笑地對同事說：「我們可以來場關鍵對話嗎？」（這句話雖然幽默，卻有效降低了溝通的難度。）

◆ **建立更多有意義的里程碑**：這兩個部門設立共同的合作目標，並決定在達成以下的時刻時會予以慶祝，包括：

⑴業務人員首次在一週內，和行銷團隊往返的電子郵件數量，多於與同部門互傳的信件；

⑵有人首次努力替另一個部門爭取資源；

⑶有人首次主動幫另一個部門解決問題。

四、加入「連結」元素：

請注意，目前討論過的活動都有助於創造連結，包括一起當維修技師的經驗、公開發表被安插到另一個部門的心得，以及練習「關鍵對話」的技巧。這樣的時刻，多半同時結合了關鍵時刻的多種要素。

- **使連結更深刻：**「舉辦會議」這個行動，本身就是有力的宣示。讓大家聚集於辦公室以外的地方，傳達出「我們在同一條船上」的訊息。這是同步的時刻。
- **創造共享的意義：**會議結束前，兩位副總向團隊提出挑戰：請在兩小時內共同擬定一個重要客戶的提案策略，並向兩位副總簡報。這是一項高難度的任務——也正是這種挑戰性，有助於成員間快速建立深厚的連結。

總結

針對本案例，我們想強調兩件事。

(1)在這種複雜、具政治意味的情況下，創造決定性的時刻至為重要，這就像一道分界線，你在此宣告：在此之前，我們各自為政；從這一刻起，我們要努力通力合作。這個共享的情境為承諾注入了社會動力，推動彼此朝目標邁進：如果我表現不佳，你儘可對我明說，因為我們都是其中的一份子，也共同做出了承諾。

(2)許多人討厭開會，是因為情緒會被刻意壓抑：所有與會者坐著聽千篇一律的報告，毫無情緒起伏。但這種會議並非不可避免，而是一種抉擇。你也可以召開既富戲劇性、又有意義與連結的會議。想讓不同的團隊齊心努力，不能只靠口號，你必須讓他們「共同體驗」到團結，這才是關鍵時刻的意義所在。

第十二章

讓平凡時刻脫穎而出

顛覆常規，打造有記憶點的體驗

一旦你體認到某些時刻的重要性，便會發現有許多可以刻意設計這些時刻的機會。以等待大學錄取通知的高中生為例。以往，錄取通知會以郵寄的方式寄達，現在則可能是透過電子郵件，但不管是哪種方式，當事人的情緒都同樣是既緊張又期待。在收到信的那一刻，她會覺得胃部一陣翻攪，他深吸一口氣後，打開信件，緊張地掃視著關鍵字。然後——看到了！讓人欣喜的「恭喜」二字出現在上面。他大聲歡呼，再看一遍。一共讀了七遍。

這是自豪與提升的巔峰時刻。但說實話，校方幾乎不曾用心讓這樣的重要時刻變得更精彩。一封信？一封電子郵件？他們能做的就只有這麼多嗎？要知道，對青少年來說，等待錄取的過程，正是人生中經典的轉變期，我們該如何加強巔峰時刻的體驗？

只要運用本書提過的工具，便能想到不少做法：

- 寄一件學校T恤、運動衫或帽子給新生，讓學生立刻覺得自己是這個大家庭的一份子。（提升感官魅力）麻省理工學院甚至更進一步，把錄取通知放進紙筒，裡頭還有海報、冰箱磁鐵，最棒的是，還附上慶祝時拋撒的五彩紙屑！（打破常規）
- 鼓勵學生拍下他們穿著校服的照片，上傳到社群媒體，再加上關鍵字標籤。這樣他們便可和其他新生建立連結。（創造共同的意義）
- 由招生組主任錄製個人化的影片，直接傳到學生的手機，通知這個好消息：「凱蒂，我是要告訴妳，我們都很高興妳成為本校的新生！」（透過回應建立連結）

當然，規模較大的學校沒辦法發送這麼多「客製化」的影片，但小規模的學校辦得到，何不善用這種優勢呢？

- 傳簡訊通知學生，讓他們知道錄取結果將在傍晚五點五十八分在網路上公布，並附

上可以登錄的密碼。（提高期待，增加刺激）

- 在新生收到錄取通知的當晚，請一位在校生傳送祝賀訊息給他們，並詢問是否有任何問題。（再次回應並增強連結）
- 寄一系列照片，介紹大一生活中「一定要嘗試的十件事」，像是：圖書館的外國典藏電影、體育館的攀岩牆、返校日的美式足球賽，校園博物館的作家情書手稿……等。（建立更多里程碑）

這些正是我們希望你運用本書概念的方式：選定一個特定的時刻，然後問自己：我要如何提升它？如何藉此激發洞察力？如何與之建立連結？人生中有許多時刻就像「裝在信封裡的制式表格」，它們正等著被改造成特別的盛事，等著被賦予意義。

只要多付出一點用心和精力，便能將平凡時刻轉化為非凡的回憶。我們在第一章讀到，高中畢業典禮被改造成關鍵時刻——那不只是畢業生的關鍵時刻，也改變了在場的小六學生！（YES Prep學校的高三生簽約日）還有，再尋常不過的飯店泳池，因為有了冰棒熱線，度假變得充滿魔力。我們也看到了一個小小行為產生的巨大能量：老師對學生的讚美，一對夫婦在日記中記錄發生過的爭執，一位牧師給予實習生在復活節守夜禮中布道的機會。

我們還發現，重大的改變往往取決於某個片刻：夏波公司的員工聚集於同一個空間中重啟連結；史丹頓學校的老師進行家訪，這是首度有人主動聆聽家長的心聲；CLTS的顧問把一根髒頭髮放入水杯裡，當眾示範水質衛生的問題，讓旁觀的居民驚覺殘酷的真相。

這些關鍵時刻的效益何在？它會反映在財務報表上，帶給我們豐厚的結果嗎？答案是：可以。想想那些更好的體驗所創造出的具體成果：更高的營收（弗瑞司特的數據、美國西南航空）、更好的顧客滿意度和忠誠度（魔法城堡飯店）、更有動力的員工（來自表揚的激勵）、更有效率的團隊（工作中的使命感VS.熱情）。

此外，還有更多無法用數據衡量、卻更具個人意義的回饋：感到更快樂（感恩探訪）、關係更親密（樂於回應）、自我轉變（在學校經歷了如灰姑娘或醜小鴨的時刻；離開舒適圈，獲得洞察力的瞬間）。

關鍵時刻帶來無數正面、可量化的結果。但在我們看來，它們並不是達成某個目的的手段，實際上，這一刻的本身就是目的，這無關乎未來。此時此刻，無論是為了你的工作、你所關心的人，抑或為你自己，創造更多難忘又有意義的經驗，這便是值得追求的事。

試想，哪有老師不希望自己所教的某堂課，在多年後仍能讓學生回味無窮？哪有服務業主管不想為顧客創造優質的購物體驗？哪有父母不想為孩子留下一輩子都值得記得的回憶？

但我們雖有心創造這種時刻，卻常因看似更急迫的問題或壓力而被迫中斷：校方反覆催促考試將近，於是老師只好放棄特別設計過的課程，先應付考試再說；有些顧客抱怨某個小問題，主管只好把原本正在構思的峰值體驗暫放一旁，優先處理客訴。

我們總覺得要「先解決問題」再「創造重要時刻」，這樣的順序安排比較聰明。但這樣是短視的做法，長遠看來，甚至有反效果。布朗妮・維爾（Bronnie Ware）是安寧照護的護理師，她曾寫過一篇令人動容的文章《臨終者的五大遺憾》，分享那些離世的人們最常掛念的遺憾：

一、我真希望自己有勇氣過自己想要的生活，而不是活成別人期待的樣子。（大多數人甚至連一半的夢想都不曾追求過，總是到了臨終才意識到，是自己選擇了這樣的人生。）

二、我真希望自己不要那麼拚命工作。

三、我真希望自己曾勇於表達內心的感受。（許多人為了避免與他人起衝突，因而壓抑自己的感受。）

四、我真希望有好好維持友誼。

五、我真希望曾讓自己更快樂。（許多人直到臨終時才領悟到，快樂是一種選擇。他們終其一生都被困在固定的模式和習慣裡。）

令人驚訝的是，本書中探討的諸多原則，都是可以解決這些遺憾的最佳解藥：

一、嘗試突破自我，發掘潛能；

二、有意識地在人生創造高峰（或像尤金．歐凱利所說的「完美時刻」）；

三、培養勇氣，坦誠表達，並尋找那些能真正回應我們的人作為另一半；

四、珍惜連結的價值（也明白創造巔峰的困難）；

五、創造令人振奮的提升時刻，打破一成不變的腳本，試著擺脫舊有模式和習慣。

維爾照顧的這些病人，只顧滿足眼下的需要，卻沒能追求未來的夢想。我們這一生，也很可能像這些人一樣，總是想方設法解決各種難題，卻忘了將「創造高峰」這件事放進日常行事曆裡。

想一萬遍不如做一遍

最後，我們想分享在研究過程中獲得的「洞察時刻」。起因是一位叫做朱莉・卡司登（Julie Kasten）的女子，所說的一件事。

朱莉說，一九九九年，她在位於哥倫比亞特區的公司工作，坐在辦公室小隔間的座位上，聽到隔壁的女人講電話。

當時二十四歲的朱莉，任職於一間頗負盛名的顧問公司，由於對行銷傳播工作很有興趣，於是大約在一年半前進入這間公司。她隔壁的座位，平常是保留給外地主管來訪時短暫使用的小隔間。朱莉並不認識那天使用那個空間的女人，但她卻改變了朱莉的人生。

「她穿著俐落……一套藍色的衣裝剪裁合身，優雅幹練，明顯跟其他訪客不同。」朱莉說，「她幾乎整天都在講電話，她對工作的熱誠令我印象深刻。」

「我知道她正看著四周空白的牆面，就跟我一樣。但她處事是那麼遊刃有餘，而且顯然樂在其中。」

但朱莉突然意識到，倘若日後她升遷，她要做的就是這個女人現在在做的工作。

接下來的想法對她有如當頭棒喝。

如果這就是這份工作的成功模樣，那不是朱莉想要的。這位女子對工作充滿熱情，但朱莉光聽就覺得無聊透頂。

「我的確想像她那樣有出色的表現，」朱莉說，「但不是做講電話這些事。」

就在那一刻，她知道自己要辭職。

於是，朱莉開始計畫離職。幾個月後，她去找一位職涯諮詢師，希望找到更符合自身興趣的工作。那也是她人生第二次轉變的起點。

諮詢師傾聽她的想法後，建議她利用人格測驗和技能評估等工具，找出真正適合的工作。根據測試的結果，對方建議可能適合她的幾種方向。但其實朱莉心中早有答案。她記得自己望著那位諮詢師，心想：我想做的就是你正在做的事。

數月後，一九九九年秋天，朱莉進入諮商研究所就讀。截至二〇一六年，她已經擔任職涯顧問十四年。

朱莉的人生是由兩個如雷擊般的頓悟而徹底改變。這些轉變都毫無預警，就這麼發生了，她順勢而為，採取行動，人生立刻就變得不同。

朱莉的故事，是典型的「不滿的結晶化」時刻，如我們曾在第五章提過的。我們好奇的是她頓悟真相的那一瞬間，也很想了解其他人類似的頓悟是怎麼發生的，於是便將朱莉的故事寄給了我們電子報的訂戶，詢問大家是否也曾遇過類似的時刻。這個問題引起了強烈的共鳴，我們收到了超過四百封回信，有不少是個人的親身經歷，包括婚姻破裂、重新找回愛情，也有棄職轉行、重拾熱情的故事。以下是幾個有代表性的故事[15]：

• 蘇列許・密思崔（Suresh Mistry）

當時他在位於倫敦的勞埃德銀行擔任襄理，每天坐在辦公桌前處理「違規」報告，上面列出了所有財務透支或超過貸款上限的企業客戶。他要判斷該讓哪些人退票，又或是網開一面。

坐在他對面的是經理，同樣也有一份違規名單。「唯一的區別是，他那份名單上的數字多了一個零。」密思崔說，「我處理一萬英鎊的款項，他處理的是十萬英鎊。就在那時，我看到角落的玻璃辦公室裡，處長坐在一張大辦公桌後方，面前也放著一張紙。沒錯，你猜到了，他處理的是百萬等級的客戶。我彷彿看到自己的未來，頓時覺得心灰意冷。」不到一星期，密思崔便申請調往行銷業務的新部門，如今他在這個領域工作已有二十多年，並熱愛這份工作。

• 華倫和貝西・泰伯特夫婦（Warren & Betsy Talbot）

兩人同年紀。在他們三十七歲，有天和幾個朋友在西雅圖的餐廳共進晚餐時，有人問道：「如果你們知道自己活不到四十歲，會怎麼做？」華倫和妻子彼此互望，完全沒討論就異口同聲回道：「我們會環遊世界。」

這個答案不是隨便說說而已，他們的好友因為腦內動脈瘤住院，兩人因而體悟到生命有多短暫。隔天，他們設定兩年後的當天，即二〇一〇年十月一日，要開始啟程環遊世界。在接下來的兩年，他們努力存錢，賣掉所有家當，就在預定的那天離開西雅圖。

他們的第一站是厄瓜多北部的夯土屋。「我們有三年多的時間都在旅行。我們在西班牙南部的山區買了房子，現在住在那裡。如今我們已經四十五歲，依舊持續探索這個世界，對於八年前那晚做出的決定，從未感到後悔。」

• 南西・夏芙露（Nancy Schaufele）

她年近三十，是有兩個小孩的家庭主婦。丈夫才剛診斷出罹患癌症。某天早上，她坐在門廊前，喝著咖啡，準備要面對新的一天。

「那時我突然領悟到，」她寫道，「我可能得獨力扶養兩個小孩。我沒受過良好教育，沒有一技之長，如果失去先生，就真的孤立無援了。那真是讓人震驚的一刻，猶如晴天霹靂。」於是她決定回學校念書，學習謀生的技能。但她說去辦理註冊時「兩腳發軟」，既焦慮又膽怯。走到行政大樓時，緊張到忍不住哭了，掉頭就走。

「但當我一走進家門時，看到兩歲的女兒正在跟她爸爸玩耍。我問自己：『如果我連報名上課都不敢，我又有什麼資格鼓勵自己的女兒去追求更好的自己？』於是，我轉身又回到學校。」之後，她完成了大學和研究所課程，接著自行創業，然後賣掉公司，現在專門輔導女性創業家。

我們一開始讀這些強而有力的故事時，原以為是在讀關於「頓悟」的時刻，是那種「啊哈！我知道了！」恍然大悟的瞬間。但後來我們明白，這些故事的核心，不是「發現」，而是「行動」。

朱莉去見了職涯諮詢師；密思崔申請調換部門；泰伯特夫婦訂下環遊世界的日期；南西轉身回大學辦理註冊。

很多看似湊巧的機緣，其實是意志選擇的產物。我們深信，朱莉和密思崔這些人藉由洞察所帶來的衝擊，是因為意識到自己能夠「採取行動」，然後毅然決定讓人生轉向。他們並不只是「接收」新的領悟，而是更進一步「抓住」這些覺醒。

這便是決定性的差別。有些關鍵時刻可以精心策劃，但有更多關鍵時刻則需要在平凡中被激發出來，像是飯店員工發現小男孩忘了帶走的長頸鹿玩偶，決定為他做一件特別的事；一個男人打算和同事培養交情，而不僅止於寒暄，才發現彼此有許多共通點；負責督導的醫生決定整夜陪伴內心受創的精神科實習醫生。

這是我們希望你從本書中明白的道理：隨時保持對這些蘊含無限可能時刻的覺察。這些時刻不必精心刻意製造。是的，我們書中舉的某些案例的確是經過大量心力的籌備與投入，比如夏波的全體員工大會、高三生簽約日，以及人性審判。而且，確實需要努力才能讓這些時刻真正提升，比方說，審判不在學校，而是在法庭上進行，這個很重要。但別忘了，那些只是一年一度的活動！

然而，書中還有許多時刻是自然發生，也不耗費任何成本，而且可以是每天出現的那一刻：你誇獎同事處理客戶的危機方式得當。（表揚他人）吃晚餐時，你問小孩：「你這星期有搞砸了什麼事嗎？」（離開舒適圈，獲得洞察力）你跟同事下班後相約去吃杯子蛋糕。（打破日常，不按腳本走）

最珍貴的時刻，往往成本最低。二〇〇七年六月，達西・丹尼爾（Darcy Daniel）的三歲女兒溫蒂（Wendy）有天腹痛不止。他們住在佛蒙特的鄉間小鎮，醫生發現她有嚴重的大腸桿菌感染，病況一發不可收拾：她的腎臟衰竭，一連幾星期都在洗腎。由於腹痛嚴重，她兩度切除大腸，多次手術引發的感染導致心臟衰竭，她做過急救及心肺復甦，而且亟需做腎臟移植手術，儘管有多人自願捐腎，卻沒有一個配對成功。

她在醫院度過了萬聖節——應景的變裝服只能蓋在她身上，因為她全身插滿了管子。接著是感恩節，然後來到十二月的某天，數日後便是聖誕節，外頭開始飄雪。對一個來自佛蒙特的孩子來說，無法到戶外玩雪實在太殘忍了。溫蒂很愛堆雪人、坐雪橇，但她卻已經兩個月沒踏出病房了。

護士長寇瑞・佛格蒂（Cori Fogarty），和病人服務助理潔西卡・馬許（Jessica Marsh）暗中策劃：既然溫蒂不能出去玩雪，那就把雪帶進來。但事情沒那麼簡單，因為溫蒂的心臟有問題，她體內的水量必須經過嚴格控管。於是潔西卡到外頭裝了一桶雪，等融化後秤重，測量水量。然後她再裝一桶重量剛好的雪，確保即使溫蒂把整桶雪吃光，也不會造成負擔。

當她們把裝著雪的碗端進溫蒂病房時，她滿臉驚喜。「我從未在孩子的臉上見過那麼純粹的欣喜。」馬許說。

達西太太則說：「你能想像嗎？一個孩子，幾個月來只能待在病房裡，聽著儀器運轉的嗶嗶聲，看著用塑膠套保護的病床，和掛在她頭部上方的聽診器，但此刻，居然能收到一桶雪？這是幸福，一種無與倫比的快樂啊。她覺得那是世上最棒的事了……那一刻，讓她就像回到家了。」

後來，溫蒂漫長的夢魘終於結束了。她進行腎臟移植，手術很成功，她已經恢復健康，現在能踢足球、參加鐵人三項，還在為器官移植病患舉行的奧運會上，贏得數面獎牌。值得慶幸的是，這些生病的痛苦經驗，她已經沒什麼記憶，但她母親沒忘記。

多年後，達西在部落格裡寫下那桶雪的故事：「如今回想起那些被充滿無私愛心照護的時刻，至今心中仍感懷不已。也許我們會逐漸淡忘那段每天千篇一律，等待康復的漫長時光。但當愛被點亮的那瞬間，是永遠令人難忘的。」

關鍵時刻就像是這樣，兩位護理人員變出了這個既體貼，又充滿創意和情感的魔術，因為她們覺得生病的小女孩也有權利暫時逃離現實，喘一口氣。

我們每個人，也都肩負著這樣的使命：在日復一日的平淡中，創造出一些珍貴的時刻。

假如每個組織都能給新員工一個難以忘懷的到職日體驗，會怎麼樣？

假如每個學生都有媲美畢業舞會般難忘的學習經歷，會是如何？

假如有人肯詢問病人的意見：「什麼對你是最重要的？」那會怎麼樣？

假如你現在就打電話給那個老友，讓那趟旅行成真，又將如何？

假如我們不只是等待生命中那些關鍵時刻的到來，還能主動創造它們，又將如何？

我們能夠設計出帶來提升、洞察、榮耀與連結的時刻。這些非比尋常的時刻——不論是幾分鐘、幾小時或者數天——都將使生命更具意義！而這些時刻，就掌握在我們手中。

在讀完本書後，如果還希望能獲得更多延伸內容，歡迎造訪我們的網站：http://www.thepowerofmoments.com。只要訂閱我們的電子報，就能立即獲得以下免費的資源：

- 一頁概述（1-Page Overview）：簡潔的圖表，概括了提升、洞察、榮耀與連結四大架構，而且可以列印出來，貼在辦公桌旁。
- 讀書會指南：如果讀書會剛好挑中本書，這裡有份指南列出可供討論的問題和主題，
- 推薦閱讀清單：這份書單精選出我們認為最引人入勝，或者說是最實用的八本書與

文章。

- 屬於朋友與家人的關鍵時刻：此處彙整了各種感人的例子，讓我們明白如何與身旁的人分享更多難忘的時刻，包括：慶祝生日和紀念日的點子、更多阿圖・亞隆式的問題、有關「週六驚奇」的具體事例（詳見第四章），以及來自各國的文化傳統等，不一而足。
- 本書的Podcast：由作者錄製的Podcast，深入探討下列主題：教育中的關鍵時刻、醫療照護中的關鍵時刻、顧客體驗的關鍵時刻，以及員工人生中的關鍵時刻。

後記

面對創傷時刻

我們很遺憾你正在閱讀這個章節。不管你面對何種問題，請記住：許多人也曾有過類似的經歷，假如你尚未走出傷痛，這些人的經驗可以成為你的借鏡。

眾所周知，創傷經驗會造成巨大的痛苦和難關，但鮮少有人知道，這類經驗在某些情況下也能帶來正面成長，這種現象叫做「創傷後成長」（post-traumatic growth）。這種成長並不會沖淡悲劇的悲哀，也無法治癒內在的傷痛。但心理學家理察・泰得錫（Richard Tedeschi）與勞倫斯・卡霍恩（Lawrence Calhoun）發現，「巨大痛苦有可能產生極大的益處」。

以下是從苦難中找到意義與成長的五項建議。之所以提出這些建議，是因為倖存者的正面成長往往出現在這五個面向。

一、留意生命中的小高峰。

經歷過創傷的人，常會表示自己比以前更懂得享受生活中的小事，像是一座花園、一杯咖啡、和小孩共度的早晨。

曾擔任柯林頓總統顧問的漢米爾頓・喬丹（Hamilton Jordan），說：「我初次罹癌後，即使是最微小的日常喜悅都變得格外有意義：欣賞日落、擁抱孩子、和妻子朵樂西一起歡笑。這種感覺至今未減。隨著癌症一次次復發，就越發現生活中隨處是簡單且豐富的快樂，我更珍惜家人和朋友，也更認真度過餘生，因為每一天都彌足珍貴。」

地質學教授莎麗・沃克（Sally Walker）在遭遇一場奪走八十三名乘客性命的空難中倖存。她說：「我回到家後，覺得天空看起來更明亮了，我還注意到人行道的觸感，一切就像置身電影中……如今所有事物對我而言都是禮物。」

第三章提到了尤金・歐凱利的故事，他被診斷出罹患末期腦癌，獲知只剩三個月壽命。他的因應方式是與摯愛的人共度「完美時刻」，比如共進愉快的一餐後，再去中央公園散步。他驚訝地發現，這些時刻讓他「在一週裡活出一個月的生命」。

二、慶祝並珍惜人際關係。

有位失去兒子的母親說：「兒子過世後，幫助我們的人紛紛出現。」讓她重新體會到友誼的可貴，也更加珍愛丈夫。

當然，並不是每個朋友都會主動伸出援手。有不少創傷倖存者就表示，人在艱難時刻，才會發現誰是真正的朋友。透過篩選那些冷漠的關係，並重新投入真正有意義的關係中，會因此感到更被愛與關懷。他們也變得更能同理他人的痛苦，對於正處於悲傷中的人，更加給予真誠的陪伴與理解。

我們在第十一章討論過培養親近關係的幾種方式，包括了「樂於回應」的概念：當我們試著了解、認可與關心對方時，兩人的關係會增溫。對創傷倖存者而言，這是一項獨特的能力——你能看見別人不容易理解的情緒，並以愛的方式回應。這並不是一般人能辦到的。

比方說，許多失去孩子的父母表示，他們的朋友往往都會避免提及孩子，唯恐會觸動他們痛苦的回憶。但其實父母都知道，孩子永遠都在自己心中。所以，類似「馬克如果還在的話，一定也會喜歡來這裡度假／這場足球賽／這部新車」的話，聽在對方耳中並不會感到心痛，反而會視為體貼和暖心的舉動。

三、肯定自己的力量。

有位痛失孩子的父母說：「我現在能承受更多了。以前覺得很嚴重的事，現在也覺得不算什麼了。」許多人會將創傷視為對自己韌性的考驗，當他們挺過來後，會告訴自己：要是我能熬過這些，大概就沒什麼事難得倒我了。」

我們在第六章介紹過一位年輕的精神科醫師麥可・德寧，他因一名病患在他值夜時自殺而深感自責。幸而猶如他導師的醫生整夜陪著他，他因而發現自己足以撐過痛楚和自我懷疑。這次的經驗促使他下定決心成為導師。數十年來，他也支持著其他人，讓他們知道自己能夠克服困難，超越考驗。

四、發現新的可能。

有些人在創傷中，會看到人生中新的可能：新工作、新的興趣或新的方向。

康乃爾大學的醫療社會學家伊蓮・威辛頓（Elaine Wethington）發現，有三分之一的被裁員者，認為此事對人生有正面影響，而近百分之四十五生過重病的患者也表示同樣的看法。當然並非所有人都會如此，這個數值是要表達：這些人發現，當一扇門關閉，也許另一扇門就會被悄悄打開。

五、尋求心靈的啟發。

許多創傷倖存者在身陷艱難時，藉由信仰找到了力量。有一個人說：「我相信是上帝帶領我走過困境。五、六年前，我沒有信仰，而現在，如果失去祂，我就不曉得該怎麼辦了。」

泰得錫與卡霍恩表示，即使是沒有宗教信仰的人也會「深入思考人生存的意義，而這種積極探索，就是成長的明證。」

上述論述絕非想讓你誤以為處理創傷是輕鬆的事，也不是強迫你該專注於自己是否成長。以正如曾痛失愛子的猶太拉比哈洛德・庫許納所言：「因為亞倫的生命與死亡，我成為一個更敏感的人、更有效率的傳道者、更具同理心的輔導者。但若我能換得他回來，我願放棄這一切。如果可以選，我寧可不要這些成長與深度……但我無法選擇。」

其他閱讀清單

若想更了解這份後記引用的學術研究資料，請參見：理察・泰得錫與勞倫斯・卡霍恩於二〇〇四年發表的〈創傷後成長：概念基礎與實證證據〉（*Posttraumatic Growth: Conceptual Foundations and Empirical Evidence*），刊於《心理學探究》（*Psychological Inquiry*）第十五卷，頁1-18。兩位研究者針對創傷後成長加以測試，稱之為「創傷後成長量表」（Posttraumatic Growth Inventory, PTGI），上網便可找到。

我們還推薦亞當・格蘭特與雪柔・桑德伯格合著的《擁抱B選項》，也非常棒。

致謝

我們非常感謝在本書初稿階段惠賜意見的讀者。各位的協助絕非舉手之勞，而是需要花上數小時讀一本尚嫌草率的書，告訴我們哪些部分寫得好，哪些部分有待改善。參考各位正面的評語，我們才得以做一些重大修正與不計其數的小修改（包括刪去很多難笑的笑話，以免其他讀者受害）。曾參加我們在哥倫比亞特區、亞特蘭大與紐約舉行的小組討論的各位，也請接受我們的謝意。幸賴各位的想法，本書才有這麼大的進步，希望大家都看得出來。

本書納入了某些人與我們分享的想法或故事，在此也要向他們誠摯道謝：謝謝喬・麥坎能（Joe McCannon）特意提出「共同奮鬥」的概念；謝謝奈拉・加西亞（Nella Garcia）與馬克・迪貝拉（Mark Dibella）與我們分享簽約日的故事；謝謝薛柔・芙格森（Cheryl Fergerson）、愛狄・西蒙思（Addie Simmons）與維克特・馬塔（Victor Mata）分享了他們在二〇一六年高三生簽約日發生的事；謝謝安琪拉・達克沃斯（Angela Duckworth）與蘿倫・艾斯葵—溫克勒（Lauren Eskreis-Winkler）所給的靈感及研究建議；也謝謝弗瑞德・豪斯頓（Fred Houston）分享了勤業眾信聯合會計師事務所的退休傳統；要感謝帕翠西亞・德寧（Patricia Dinneen）代為引介麥可・帕摩，謝謝羅伯特・普羅文（Robert Heuermann）有關碳棒的提示；謝謝威廉・傅茲（William Fultz）提出藏寶盒的點子；謝謝麥特・迪克森（Matt Dixon）和我們討論出現在第三章的攻守概念；謝謝「拉比」那夫塔里・拉凡達（Naphtali Lavenda）分享了猶太教拉比進行角色扮演的故事；謝謝梅根・伯恩斯（Megan Burns）鼓勵我們鑽研弗瑞司特顧問公司的數據；也感謝蘿拉・崔姆（Laura Trimm）和羅克撒娜・斯卓曼潔（Roxana Strohmenger）幫我們分析數據；謝謝法蘭克・圖里（Frank Tooley）、凱媞・伯恩頓（Katie Boynton）和麥克・歐弗理（Mike Overly）協助我們解開飛安廣播詞的謎團，並向西南航空據理力爭，（嗨，法務部門！）我們這才得以獲准說出這則故事；也感謝伊萊・芬柯（Eli Finkel）敏銳地點出「樂意回應」是連結不可或缺的要素，我們這才將它納入。

在成書過程中，還有一些人和我們談論過關鍵時刻的諸多不同面向，給予我們幫助。謝謝余舜（Soon Yu）、保羅・曼羅尼（Paul Maloney）、戴倫・羅思（Darren Ross）、布里姬・史戴伊康普（Bridget Stalkamp）和梅根・伯恩斯（Megan Burns）。

也謝謝羅娜・利普斯（Lorna Lippes）與瑪雅・法樂盧（Maya Valluru）在研究方面給

予協助（尤其是整理網路上幾百筆有關服務體驗的評論）。我們要特別感謝克莉斯緹・唐納爾（Christy Darnell）處理讀者的意見回饋，戴夫・凡斯（Dave Vance）令人捧腹的靈感，以及彼得・葛里芬（Peter Griffin）神奇的編輯功力。

我們深感幸運，能有克莉斯媞・弗萊屈（Christy Fletcher）和Fletcher & Company團隊這樣的好夥伴。如今和Simon & Schuster公司合作，在此遇到我們的第一個編輯班・洛罕（Ben Loehnen）。班，謝謝你為我們編輯了第一本書，現在又負責第四本的編務。

若沒有家人給予關愛和支持，（而且他們的回應超快！）我們不可能完成任何工作。我們愛你們：媽媽、爸爸、Susan、Susan Joy、Emory、Aubrey、Amanda、Josephine、Oksana、Hunter，還有Darby。

註釋

第一章　決定性的時刻

1. 不滿的結晶化（crystallization of discontent）此研究結果顯示大部分的人都想要變得更加外向、更具親和力、能控制自己的情緒，又或更能接受新事物。當人們認識到自身的缺點已形成某種一般性的模式時，他們便會修正自己的核心價值及偏好，以便為某些改進做辯護。

2. 你可能已經注意到，若將洞察（insight）和榮耀（pride）對調順序，這四個要素的開頭字母便會產生一組縮寫詞：EPIC（史詩，引申為壯闊或很棒的意思）。以本書的性質來說，使用縮寫詞有助於記憶，卻不免流於世俗。以前我們認同這種做法，因此先前的書也用了兩組縮寫詞，好幫助讀者回想相關的框架。但這次，我們決定不再這麼做。首先，這本書並不是勸你追求史詩般「壯闊」的時刻。你讀到的某些故事也許是屬於這一種，但更多的是微小的、個人的，痛苦卻深具轉變力量的小故事。Epic 一字似乎太宏偉又太淺薄。還有一點，不過這是一己之見，每當我們看到epic一字，就會聯想到嗑藥的衝浪客嚷著「棒呆了！」（現在你懂我們的意思了，對吧？）

總之，如果EPIC這個縮寫詞能幫助你記住四大要素，請笑納。但我們之後不會再提。

第三章　創造永生難忘的巔峰時刻

3. 值得一提的是，喬敖斯和貝德芙都非常樂意與他人分享榮耀，認為大力支持的校長和校園氛圍也有功勞。兩人表示：「這份成果要歸功於許多前輩的思想結晶，我們做的僅是要求他們把自己當成故事的主角。」

4. ⑴方法論：這項數據納入了十六種產業的分析結果，包括航空公司、汽車製造商、汽車與房屋保險、銀行、網銀、汽車租賃公司、信用卡、健康保險、飯店旅館、電腦製造商、貨運／包裹寄送、傳統零售業、網路（無實體店面）零售、網路服務供應商、電視服務供應商，以及無線廠商。儘管各產業之間有差異性，但我們引用的基本模式在這些產業中是一致的。

⑵預期中的質疑：你可能會想：「倘若不花點時間專注解決那些不滿意客戶的問題，他

們到處散播負評該怎麼辦？」弗瑞司特確實評估過這種效應，結果發現會勸其他人別用這個品牌的顧客其實極少。亦即負面口碑效應微乎其微，最後甚至被從這個模式中剔除。

5. 我們要補充說明一點。當我們越了解弗瑞司特團隊，就越明白我們彼此的見解頗為一致，於是雙方更進一步發展出諮詢合作的關係，以協助公司提供更好的顧客體驗。截至本書付梓，這項合作尚未正式拍板，但彼此對於幫助客戶建立高峰的想法，都很有興趣。

6. 提升感官魅力無須奢侈鋪張，不然，錢很可能用錯地方。美國埃默里大學研究人員對三千位受訪者進行婚禮調查時發現，婚禮越奢華，離婚的機率就越高。當然這並不全然有因果關係，所以如果你正在籌辦婚禮，也不用擔心訂太多花束會讓婚姻出問題。但這項調查結果提醒我們，重點要擺在「意義」而非「金錢」上。譬如，一場花費一千美元，與豪擲三萬美元籌辦的婚禮，哪一個更有可能在一個對新人別具意義，又充滿情感的地點舉行，而不是在奢華但看起來卻千篇一律的宴會廳？哪一場更可能帶有「手作」的質感，而不是像工廠產品一樣批量生產製作？

第五章　真相就在眼前，我們卻視而不見

7. 卡爾認為不該淡化「屎」（shit）這個字，無論是改成糞便（feces）之類的醫學名詞，或是說給小孩聽的「便便」（poop/ doodoo）皆不妥。因此他每回到新國家工作，一定用當地最粗俗的字眼來稱呼「屎」。他希望用字能讓人感到震驚。

第六章　自我覺察三步驟：頓悟、接納、成長

8. Vocation Vacations 已經轉型為 Pivot Planet，重點是訪問，而非親自去現場參觀。

9. 希望你知道當我們提到 Spanx 時，忍住了開玩笑的衝動，畢竟這一章談的正是 stretch❺。

第七章　表揚他人的成就

10. 在夏令營期間，學生們去田納西州的蓋特林堡進行校外教學，他們參觀的一個地方有座錄音棚，你可以在裡面演唱一首歌曲，離開時帶走錄了那首歌的卡帶。史露普和兩個朋

❺ 譯註：本篇英文標題為〈Stretch for Insight〉。

友抱著好玩的心態，錄了披頭四的〈我想牽你的手〉，並在搭公車返回營地時，說服公車司機播放那首歌。公車上有個男孩聽到這首歌，非常喜歡，他記得那是他第一次真正注意到凱拉。那個男孩叫做羅斯・史露普。

經過五次的夏令營相處，九年的歲月，再加上之後一場驚人的巧合，他開口向凱拉求婚。那個「驚人的巧合」是什麼呢？大學畢業後，凱拉在一間錄影帶出租店工作。某天有位叫做艾德・斯洛侃的顧客前來歸還錄影帶，凱拉登入店內的客戶資料庫，準備把這支帶子標示成「已還」，卻無意間注意到，斯洛侃名字的下方正是羅斯・史露普，她當年的夏令營同伴。她偷偷抄下他的電話號碼（這顯然觸犯了個資法）並打電話給他。如同他們所說，之後的事，大家就都心知肚明了。

11.《辛普森家庭》有一幕經典橋段：荷馬是核電廠中唯一沒得過「本週最佳員工獎」的人。有天，核電廠的老闆「郭董」召集所有員工，宣布當週的獲獎者：「我真不敢相信，我們竟然長年都忽略了這位得主！」站在眾人當中的荷馬露出微笑，顯得手足無措。郭董繼續說：「若沒有他不懈的努力，我們根本無法運作。所以！請大家掌聲鼓勵，得獎者是：沒有生命的碳棒！」這根碳棒在眾人的歡呼聲中被授予一面紀念獎牌，唯獨荷馬一臉震驚。

第十章　創造共享的意義

12. 原本應於二〇一六年召開的第十六屆全體員工大會，因護理師工會揚言要罷工而取消（最後罷工並未發生）。

在此，我們提出兩點意見：(1)一群抗議的護士高舉寫著「我們是夏波經驗」的布條，上街抗議。他們的訴求之一是調高薪資，以留住資深護理師，他們認為資深護理師最能提供夏波經驗。經我們判斷發現，這次具有恫嚇性質的罷工，反映的其實是談判過程中常見的技巧，而不是對夏波在過去十五年中所蛻變成的樣貌產生質疑。(2)帶來意義的時刻至關重要。我們會建議，即使可能面臨罷工，領導團隊仍要盡一切可能繼續舉辦全員大會，要將它視為一塊神聖的領地，就如同敵對的國家仍會在奧運中同場競技一樣。這場大會是展現共同使命的時刻，病人的福祉應當凌駕一切之上，就算夏波職員之間有重大的意見分歧時也一樣。

第十一章　建立深刻的連結

13. 另一個缺乏回應的例子，不妨看看你家青春期的孩子。你說了一些話，孩子要不是壓根沒聽見，就是無法將你清楚的指示轉化成具體行動（拒絕理解）。若你試圖將方才的要求解釋得更清楚，他就會翻白眼（拒絕認可）。有時只要簡單說一句「好，我知道了」就可以解決，他卻以「隨便啦」來結束對話。（「隨便啦」背後代表的意思就是拒絕理解、拒絕認可，集所有抗拒之大成。）

14. 說實話，《鑽石求千金》這類節目很擅長製造瞬間的心動（連結時刻），簡直就是這方面的高手。但值得注意的是，節目製作人是多麼輕鬆就營造出提升時刻，像是：有美景佳餚（增加感官吸引力），加上新奇的體驗（不按腳本走），以及競爭產生的緊張感（增加賭注），這些都是建立巔峰時刻的經典手法。

第十二章　讓平凡時刻脫穎而出

15. 怕你誤以為我們有許多熱心的讀者，樂意回應我們提出的每個疑問，在此前我們有份電子報，請大家提供做出決定的故事。其實，當時只收到兩份回覆，其中一份還是丹在心急之下做的測試，想確定調查工具是否有正常運作。

作者簡介

奇普・希思Chip Heath

史丹佛商學院組織行為學教授，同時也在杜克大學任教，並且是多本商管暢銷書的作者。畢業於德州農工大學及史丹佛大學。

丹・希思Dan Heath

杜克大學商學院高級研究員，畢業於哈佛商學院及德州大學奧斯汀分校。也是知名作家和播客主持人。主持的播客節目《What's It Like to Be...》贏得許多獎項。

希思兄弟合著有《創意黏力學》、《學會改變》，以及《零偏見決斷法》等多本《紐約時報》暢銷書，已被翻譯成三十多種語言，在全球銷售兩百多萬本。

譯者簡介

王敏雯

師大翻譯所碩士，最愛沿著蜿蜒的山路恣意行走，也愛伏案翻譯，逐日收藏其間的汗水與快樂。賜教信箱：sabina7261@gmail.com

DH00463

翻轉人生的關鍵時刻：讓平凡變不凡，打造永生難忘的巔峰體驗

作　者—奇普．希思、丹．希思
譯　者—王敏雯
主　編—郭香君
責任企劃—張瑋之
封面設計—Bert.design
內頁排版—新鑫電腦排版工作室

總 編 輯—胡金倫
董 事 長—趙政岷
出 版 者—時報文化出版企業股份有限公司
108019台北市和平西路三段二四〇號七樓
發行專線—（〇二）二三〇六—六八四二
讀者服務專線—〇八〇〇—二三一—七〇五
（〇二）二三〇四—七一〇三
讀者服務傳真—（〇二）二三〇四—六八五八
郵撥—一九三四四七二四時報文化出版公司
信箱—10899臺北華江橋郵局第九九信箱

時報悅讀網—http://www.readingtimes.com.tw
綠活線臉書—https://www.facebook.com/readingtimesgreenlife
法律顧問—理律法律事務所　陳長文律師、李念祖律師
印　刷—綋億印刷有限公司
初版一刷—二〇一九年九月二十日
二版一刷—二〇二五年八月二十二日
定　價—新臺幣四二〇元

時報文化出版公司成立於一九七五年，
並於一九九九年股票上櫃公開發行，於二〇〇八年脫離中時集團非屬旺中，
以「尊重智慧與創意的文化事業」為信念。

翻轉人生的關鍵時刻：讓平凡變不凡，打造永生難忘的巔峰體驗 / 奇普．希思 (Chip Heath), 丹．希思（Dan Heath）著；王敏雯 譯. -- 二版. -- 臺北市：時報文化出版企業股份有限公司, 2025.08
面；　公分. --（big；DH00463）
譯自：The power of moments : why certain experiences have extraordinary impact.
ISBN 978-626-419-632-1（平裝）
1. CST: 成功法　2. CST: 生活指導

177.2　　　114008312

THE POWER OF MOMENTS：Why Certain Experiences Have Extraordinary Impact
by Chip Heath and Dan Heath

ISBN 978-626-419-632-1
Printed in Taiwan

（本書為《關鍵時刻：創造人生1% 的完美瞬間，取代 99% 的平淡時刻》之新版）